삼국유사

일연 스님이 전해 준 역사 속 옛이야기

일러두기
* 이 책에 실린 《삼국유사》 발췌 부분은 어린이들이 알기 쉽게 원문을 풀어서 썼습니다.
* 한자어나 옛말의 경우, 괄호 안에 보충 설명을 넣었습니다.

삼국유사

일연 스님이 전해 준 역사 속 옛이야기

이진이 글 · 장경혜 그림

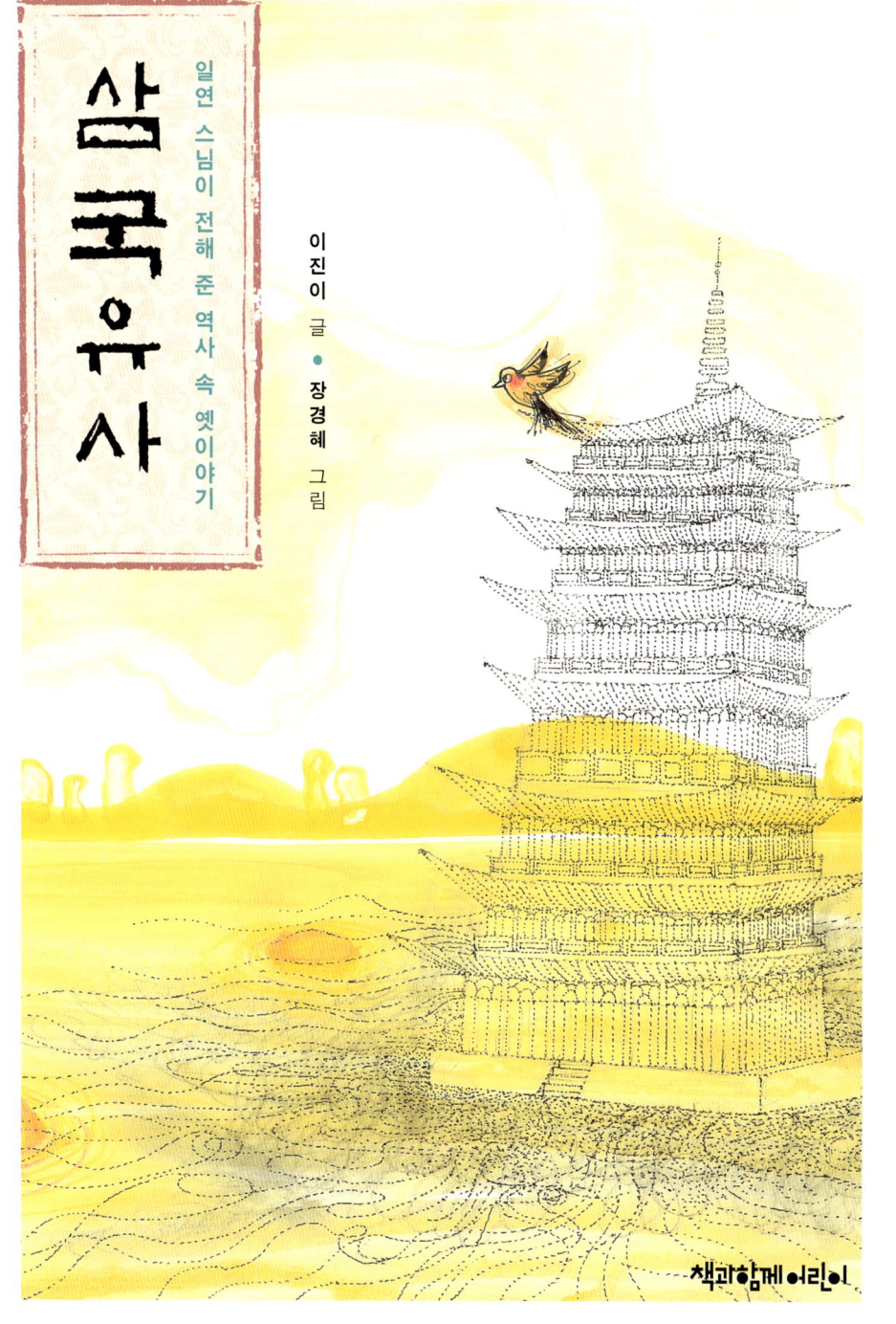

책과함께어린이

작가의 말

우리의 뿌리를 알려 줄 우리 고전

　서양의 역사와 문화가 궁금하다고 하면 그리스 로마 신화부터 읽어 보라고들 해. 서양 사람들의 생각과 문화의 시작이 바로 그리스 로마 신화 속에 있기 때문이지. 신과 영웅, 인간들이 등장해 놀랍고 신기한 일들을 펼치는 그리스 로마 신화는 서양 사회에 큰 영향을 미쳤어. 가만 살펴보면 역사, 철학, 문학, 미술과 음악뿐만 아니라, 과학 기술 용어들도 신화에서 따온 것들이 많아.

　서양에 그리스 로마 신화가 있다면 우리에게는 단군 신화가 있어. 고조선 이후 우리 땅에 등장했던 여러 고대 국가의 건국 신화들도 있어. 모두 우리 민족의 역사와 문화의 시작을 담은 이야기들이고, 우리의 정신세계를 잘 표현하고 있어. 이 신화들을 처음 기록한 책이《삼국유사》야. 단군 신화부터 고대 국가를 세운 영웅들의 탄생 신화까지, 그리스 로마 신화 못지않게 흥미롭고 아주 재미있어.

　《삼국유사》의 지은이 일연 스님은 13세기 고려 시대 사람이야. 이때에는 왕과 귀족, 승려들이 세상의 주인이었어. 왜냐하면 그들은 글을 읽을 줄 알았거든. 글을 안다는 것은 중요한 지식과 정보를 모두 차지한다는 의미야. 그러다 보니 역사는 왕과 귀족, 지식인들 중심으로만 기록됐어. 글을 모르는 백성들은 역사 기록의 주인공이 될 수 없었고, 이름을 남길 수가 없었어.

　하지만 《삼국유사》는 달랐어. 《삼국유사》에도 왕과 귀족, 영웅과 지식인, 승려들이 등장하지만, 그들 못지않게 다양한 신분 사람들도 나와. 농부와 일꾼들, 어린이도 등장하고, 신분이 낮은 하인이나 천민들이 이야기의 주인공이 되기도 해. 일연 스님이 전국을 직접 다니면서 평범한 사람들의 이야기에 귀 기울이고 열심히 모아 기록한 덕분이지. 역사의 주인공 자리에 백성들도 초대받은 거야. 신분제가 엄격한 고려 시대에 이런 시도는 무척 새롭고 시대를 앞서가는 일이었어.

　《삼국유사》에는 역사적 사실만 있는 건 아니야. 황당하다 싶을 만큼 신기하고 괴상한 이야기들도 있어. 이런 이야기들이 역사다 아니다 말하기 전에 모두 우리의 소중한 유산으로 보면 어떨까? 왜냐면 이 모든 이야기들이 우리 민족의 정신과 문화이기 때문이야.

　그래서 《삼국유사》는 우리 민족의 고전이라고 해. 고전은 시간이 아무리 흘러도 그 가치가 변하지 않지. 거기에 끊임없이 새로운 해석이 더해져서 우리에게 삶의 방향을 제시해 줘. 그러니 《삼국유사》를 읽고 어떻게 활용할지는 바로 모두의 몫이야. 특히 우리 미래인 너희들의 몫이기도 하단다.

2022년 11월
이진이

차례

우리의 뿌리를 알려 줄 우리 고전 — 4

민족의 자부심을 가득 담은 새로운 시선 — 8

역사의 시작

나라의 탄생과 기이한 이야기
- 단군왕검과 고조선 — 14
- 대륙을 호령한 고구려 — 18
- 새로운 나라를 찾아서, 백제 — 24
- 천년의 역사를 이어 간 신라 — 27

신라를 이끈 왕들의 모험
- 엉뚱하고 용감했던 탈해왕 — 35
- 알에서 태어난 김알지와 죽어서도 나라를 지킨 미추왕 — 46
- 진평왕의 신비한 보물과 지혜로운 선덕 여왕 — 54

삼국을 하나로 만든 신라
- 통일의 문을 연 태종 무열왕 — 62
- 삼국 통일을 완성한 문무왕 — 73
- 신문왕과 나라를 지킨 피리 — 79
- 왕이 되고 싶었던 원성왕 — 83
- 김부 대왕과 신라의 멸망 — 87

문화의 뿌리

불교, 나라의 기틀

- 고구려와 백제에 먼저 온 불교 — 94
- 법흥왕과 이차돈의 순교 — 97
- 위대한 신라의 탑, 황룡사 9층 목탑 — 101
- 불교가 흥성할 곳, 오대산 월정사 — 107
- 효자 김대성, 불국사와 석굴암을 짓다 — 111
- 자유로운 원효와 화엄을 전한 의상 — 115

설화, 신비로운 이야기

- 연오랑과 세오녀 — 125
- 정월 대보름과 서출지 — 128
- 아름다운 도화랑과 귀신 잡는 비형랑 — 132
- 밤에 찾아오는 역신을 막은 처용 — 136
- 백발백중, 활 잘 쏘는 거타지 — 140

향가, 옛사람들의 멋

- 선화 공주와 서동의 사랑 — 145
- 부하를 아꼈던 죽지랑을 위한 노래 — 150
- 향가 문학의 꽃을 피운 월명사 — 154
- 신라 최고의 시인 충담사 — 158
- 눈 먼 아이를 위한 기도 — 162

변화하는 세상을 내다본 최고의 지식인 — 166

들어가며

민족의 자부심을 가득 담은 새로운 시선

사람들은 《삼국유사》를 우리 고대사를 기록한 역사책이라고도 하고, 놀랍고 신기한 사건이 담겨 있는 재미있는 이야기책이라고도 해. 《삼국유사》가 어떤 책인지는 제목만 봐도 쉽게 알 수 있어. '삼국'은 세 나라, 즉 고구려, 신라, 백제를 가리켜. '유사'는 '남겨진 일'이라는 뜻이야. 이미 세상에 나와 있던 역사책, 특히 《삼국사기》에 기록되지 못하고 남겨진 일들을 말해. 단군 할아버지와 수많은 왕과 영웅의 활약뿐 아니라 이 땅에 살았던 사람이라면 누구나 알고 있던 이야기들을 말하지.

《삼국유사》는 모두 다섯 권으로 구성되어 있어. 그 안에 아홉 편의 이야기가 담겨 있지. 첫 번째 책을 권1이라고 부르고, 두 번째 책부터 권2, 권3, 권4, 권5라고 불러. 권1 왕력과 기이 1편에서는 고조선부터 고려 이전까지 왕들과 가족 관계 등을 연표로 정리해 중국과 비교해 두었어. 삼국 시대부터 전해 오는 신비로운 이야기도 담겨 있는데, 이런 신비로운 이야기는 권2로 이어져. 권3 흥법과 탑상 편에는 삼국에 불교가 전해지고 널리 퍼지는 과정과 절과 탑, 불상을 세운 이야기가 펼쳐져. 권4 의해 편에는 유명한 스님들의 이야기가, 권5에는 신주(신기한 이야기), 감통(불교에 관한 놀라운 기적), 피은(숨어 사는 스님들 이야기), 효선(선행과 효도) 이렇게 네 가지 이야기가 담겨 있어.

그런데 말이야. 이런 이야기들을 담은 책을 역사책이라고 할 수 있을까? '역사'라면 실제로 일어났던 일들을 정확하게 기록해야 하는 거 아닐까? 하늘에서 신이 내려오고 곰이 사람으로 변하고, 높은 덕을 쌓은 스님들이 신통력을 발휘하고, 부처와 관련된 신비로운 일들을 모은 책을 역사책으로 볼 수 있는 걸까? 일연 스님은 역사책이 '될 수 있다.'라고 말했어. 일연 스님의 이런 생각은 《삼국유사》의 첫 장인 단군 신화에서 찾아볼 수 있어.

단군 신화를 보면, 역사적 사실이라기에는 이상하고 신비로운 일들이 많이 일어나. 하늘에서 환웅이 내려와 곰에서 사람으로 변한 웅녀와 결혼했다는 것부터가 기이한 일이지. 《삼국사기》를 쓴 김부식 같은 고려 유학자들은 이런 이야기가 역사에 맞지 않다고 생각했어. 그래서 그들은 우리 역사를 책으로 쓰면서도 우리 민족의 시조인 단군 할아버지 이야기를 다루지 않았어.

하지만 일연 스님의 생각은 달랐어. 중국인들도 나라를 세운 시조를 기록할 때 말도 안 되는 신기한 일들을 역사로 기록하는데, 우리라고 그러지 못할 이유가 없다고 주장했어. 일연 스님은 이런 생각을 《삼국유사》의 맨 처음에 밝혀 두었어. 일연 스님의 글을 읽어 볼게.

삼국의 시조가 모두 신비스럽고 기이한 데서 나온 것이 어찌 괴이하다 하겠는가? 이는 기이 편의 첫머리에 싣는 까닭이며 의도다.

일연 스님의 주체적이고 자신감 있는 태도가 엿보이는 글이야. 우리 민족에 대한 자긍심도 느낄 수 있어. 이런 이야기를 기록한 데에는 시대 배경이 한몫했어.

일연 스님이 살았던 시대는 나라 안팎으로 무척 혼란스러운 시기였어. 나라 곳곳에서 크고 작은 난이 일어났고, 왕위를 차지하려는 싸움이 끊이지 않으면서 왕의 힘이 크게 약해졌어. 결국 군인들이 난리를 일으켜 권력을 잡았지. 이를 '무신 정권'이라고 하는데, 무신 정권은 100년이 넘도록 계속됐어.

이 무렵 나라 밖에서도 큰 변화가 있었어. 중앙아시아에서 몽골족을 통일하며 성장한 칭기즈 칸은 원나라를 세워 세력을 넓히고 있었어. 그리고 이들에게 밀려 고려와 친했던 송나라가 멸망하게 돼. 원나라는 중앙아시아에서 중국 남쪽까지 지배하며 넓은 제국을 완성했어.

원나라는 고려에도 여섯 번이나 쳐들어왔지. 고려는 수도를 강화도로 옮기면서까지 맞서 싸웠어. 하지만 약 30년이나 이어진 전쟁으로 온 나라가 큰 혼란에 빠지고 말아.

이런 일들을 겪으면서 고려 사람들의 생각이 많이 바뀌게 돼. 이전에는 무조건 송나라가 최고였거든. 송나라는 유교를 바탕으로 백성을 다스리는 나라, 최고의 문화 수준을 갖춘 큰 나라, '섬겨야 할 나라'라고 생각했어. 그런데 그 대단한 송나라가 몽골족에게 당하니 고려 사람들의 생각이 바뀔 수밖에 없었을 거야. 그러면서 자연스럽게 '우리 자신'을 돌아보기 시작했어. 중국 중심이 아닌 우리의 눈으로 모든 것을 바라보려고 노력한 거지. 역사를 기록하는 일도 마찬가지였어.

고려에는 이미 유학자 김부식이 쓴 《삼국사기》라는 훌륭한 역사책이 있었어. 하지만 일연 스님이 보기에 이 책은 너무 중국 중심으로 쓰여 있었어. 그래서 우리의 시선으로 쓴, 우리 민족의 자부심을 가득 담은 새로운 역사책을 쓰고자 한 거야. 그렇게 해서 태어난 책이 바로《삼국유사》야. 지금부터《삼국유사》에 담긴 이야기들을 하나하나 살펴보면서 우리나라 역사와 문화의 뿌리를 찾아가 보자.

역사의 시작

고조선부터 발해와 가야, 삼한, 고구려, 백제,
천년의 역사를 이어 간 신라까지
우리 역사의 시작과 왕들의 모험을 기록한
흥미로운 역사책 안으로 들어가 보자.

나라의 탄생과 기이한 이야기

🌀 단군왕검과 고조선

《삼국유사》의 첫 장을 열면 우리에게 아주 익숙한 이야기가 등장해. 바로 이 땅에 첫 나라를 세운 단군 할아버지의 이야기, 단군 신화야. 《삼국유사》는 단군 신화를 처음으로 다룬 역사책이라는 점에서 높은 평가를 받고 있어. 게다가 책의 맨 앞에 다루고 있어서, 역사를 중국의 눈이 아닌 우리 눈으로 바라봤다는 걸 확실히 드러냈지.

일연 스님이 《삼국유사》를 쓰기 전까지는 역사책 어디에도 단군왕검과 고조선 이야기가 나오지 않았어. 왜냐면 단군 신화는 우리 민족 고유의 것이라 중국 중심으로 세상을 바라보던 고려 유학자들 시선에는 중요해 보이지 않았던 거야.

다들 개천절 잘 알고 있겠지? 개천절은 4천여 년 전 음력 10월 3일에 단군왕검이 우리 민족 최초의 나라를 세운 걸 기념한 날이야. 또 단군의 아버지 환웅이 세상을 연 날을 의미하기도 해. 《삼국유사》에는 이때의 일이 이렇게 기록되고 있어.

하늘 신 환인의 아들 환웅은 하늘 아래 사람이 사는 세상을 찾아가

> 보고 싶었다. 아버지가 자식의 뜻을 알고, 아래로 세 봉우리가 솟은 태백산(백두산)을 굽어보니, 널리 사람 사는 세상을 이롭게 할만 했다. 이에 천부 증표 세 개를 주고 가서 나라를 다스리도록 했다.

여기서 '널리 사람 사는 세상을 이롭게 한다.'라고 쓰인 부분을 기억해 줘. 이 말을 네 글자로 표현하면 '홍익인간'이라고 해. 홍익인간은 모든 사람에게 골고루 이익이 되도록 한다는 말로, 훗날 단군왕검이 고조선을 세우면서 나라의 기본 이념으로 삼은 생각이야. 왕이나 귀족같이 몇몇 사람들만이 아니라, 백성 모두가 함께 잘 살아야 한다는 뜻이지. 홍익인간은 대한민국 교육의 기본 이념이기도 할 만큼 우리 민족에겐 아주 중요한 사상이야.

하늘에서 땅으로 내려와 인간과 함께 살고 싶던 환웅은 바로 이 큰 뜻을 품고 지금의 백두산으로 내려와. 이때 바람, 비, 구름을 다스리는 어른들과 함께 와서 곡식과 생명, 질병과 형벌, 선과 악 등 인간 세상의 360가지 일을 맡아서 다스렸어.

이렇게 멋진 세상이 열리자, 숲속에 살던 곰과 호랑이는 인간이 되고 싶었어. 그래서 환웅을 찾아가 인간이 되게 해 달라고 빌었어. 《삼국유사》에는 환웅의 대답이 이렇게 쓰여 있어.

> 환웅이 신령스러운 쑥 한 다발과 마늘 스무 개를 주면서 말했다.
> "너희가 이것을 먹되, 백 일 동안 햇빛을 보지 않으면 사람의 모습을 얻을 것이다."

하지만 참을성이 부족했던 호랑이는 동굴 밖으로 나가 버렸고, 곰만 홀로 백 일을 견뎌서 인간으로 변했어. 여자로 변한 곰은 웅녀라는 이름을 얻고, 환웅과 결혼해 아기를 낳았으니 그 아이가 바로 단군왕검이야. 단군왕검은 훗날 나라 이름을 '조선'이라고 짓고 세상에 널리 알렸어.

단군왕검은 경인년(기원전 2333년)에 평양성에 도읍을 정하고 비로소 조선이라고 불렀다. 다시 도읍을 백악산 아사달로 옮겼는데…….

단군왕검은 수도를 평양성에서 백악산 아사달로 옮기고는 1500년 동안 나라를 다스렸다고 해. 사람이 1500년을 살 수는 없으니, 단군과 그 후손들이 1500년 동안 나라를 다스렸다고 보면 될 거야.

《삼국유사》에는 단군왕검이 세운 조선 다음에 '위만 조선'이라는 나라 이름이 등장해. 조선 출신 연나라 사람 '위만'이 세운 나라라고 해서 이

런 이름이 붙여졌다고 보고 있어. 그때부터 위만 조선과 단군왕검의 조선을 구분하기 위해서 한자 '옛 고(古)'를 붙여 '고조선'이라고 불렀다고 해. 그리고 먼 훗날 태조 이성계가 조선을 세우면서 고조선은 더욱 널리 쓰이게 됐어. 오늘날에는 단군이 세운 조선과 위만 조선을 합해서 고조선이라고 부르고 있어.

🌿 대륙을 호령한 고구려

고조선의 힘이 약해지자 그 주변으로 작은 나라들이 생겨나기 시작했어. 그러다 고조선은 중국 한나라의 공격을 받고 멸망했지. 고조선 사람들은 마지막까지 한나라에 강하게 저항했고, 나라가 사라진 후에도 중국의 지배를 받지 않으려고 사방으로 흩어져서 새로운 나라를 세웠다고 해. 그러다 보니 고조선 이후 더 많은 나라가 생겨났어.

조선의 유민들은 70여 개의 나라로 나누어졌는데, 이들은 모두 영토가 사방 백 리였다.

그중 《삼국유사》에는 낙랑, 북대방, 남대방, 발해, 진한, 마한, 변한, 부여 등이 등장해. 이 나라들이 여러 사건을 겪으면서 훗날 고구려, 백제, 신라의 삼국 시대를 열게 되지. 그중 부여는 고구려와 백제의 탄생에 아주 중요한 역할을 한 나라야.

기원전 59년 4월 8일에 천제가 다섯 마리 용이 끄는 수레를 타고 흘승골성(의주 주변)에 내려와 도읍을 세우고 왕이라 하며 나라 이름을 북부여라고 했다. 천제는 스스로 이름을 해모수라 하고 아들을 낳아 이름을 '부루'라 했는데, 해를 성씨로 삼았다. 왕은 이후에 상제의 명에 따라 동부여로 도읍을 옮겼다.

천제는 하늘의 황제를 말해. 그는 북부여의 왕에 오르면서 이름을 해모수로 바꾸었어. 그리고 아들 해부루가 그의 뒤를 이어 왕이 되었지. 그런데 해부루는 나이가 들어도 아들이 생기지 않았어. 그래서 아들을 낳게 해 달라고 하늘에 제사를 지냈는데, 돌아오는 길에 아주 신기한 일이 일어났어.

이때 타고 가던 말이 큰 연못에 이르러 큰 돌을 마주 보고는 눈물을 흘렸다. 왕이 괴이하게 여겨 사람을 시켜 그 돌을 옮기자 금빛 개구리 모양의 어린아이가 있었다.

해부루는 하늘이 내려 주는 아이라고 기뻐하며 아이 이름을 '금와'라고 지었어.

훗날 해부루의 뒤를 이어 왕이 된 금와는 태백산(백두산) 남쪽 우발수라는 곳에서 한 여자를 만나. 바로 물의 신 하백의 딸 유화였어. 유화는 해모수라는 남자를 따라나서는 바람에 고향에서 쫓겨났다고 말했어. 금와왕은 깜짝 놀랐어. 해모수는 금와의 할아버지잖아? 그래서 왕은 유화를 데려와 방 안에 가뒀는데, 햇빛이 유화를 자꾸만 따라다니는 거야. 그러고는 얼마 후 커다란 알을 낳았어. 금와왕은 알을 이상하게 여겨 가축들에게 던져 줬지만 가축들은 오히려 알을 덮어 주었고, 길에 버렸지만 깨지지 않았어. 보통 알이 아니었던 거지. 결국 알은 유화 품으로 돌아갔어.

유화가 천으로 알을 부드럽게 감싸 따뜻한 곳에 두자, 아이가 껍질을 깨고 나왔는데 골격과 겉모습이 영특하고 기이했다. 겨우 일곱 살에 용모와 재략이 비범했으며, 스스로 활과 화살을 만들어 백번 쏘아 백번 맞추었다.

알에서 태어난 이 비범한 아이가 바로 주몽이야. 부여 말로 주몽은 '활을 잘 쏘는 남자'라는 뜻이래. 주몽 스스로 활과 화살을 만들 정도였으니까 정말 잘 어울리는 이름이지?

이처럼 태어날 때부터 특별했던 주몽은 금와왕의 일곱 아이들보다 더 뛰어났어. 용모도 빼어나고 운동도 잘하고 똑똑했지. 그래서 왕자들과 신하들이 주몽을 질투하며 해치려고 했어. 어머니 유화가 그걸 보고 그냥 있을 리 없었지.

"나라 사람들이 너를 해치려고 하는데, 너의 재주와 꾀라면 어디서든 살지 못하겠느냐? 빨리 떠나거라."

어머니의 말대로 주몽은 위험을 피해 남쪽으로 달아났고, 졸본이라는 곳을 수도로 정하고 고구려를 세웠어. 북부여에 남아 있던 주몽의 아내는 아들 유리를 낳고 주몽을 찾아왔어. 유리 역시 아버지를 닮아 활쏘기를 잘했어. 유리는 태자로 책봉되어 주몽의 뒤를 이었지. 그렇게 고구려의 역사가 시작된 거야.

발해와 말갈

고조선 이후 한반도에는 여러 나라가 등장해. 《삼국유사》에도 대방, 말갈, 발해, 이서국, 가야 등 여러 나라가 나오지. 이렇게 한반도에 존재했던 크고 작은 나라들을 기록한 것도 《삼국유사》와 《삼국사기》의 다른 점이야.

그중 발해는 삼국 시대를 지나 통일 신라 후반기에 등장한 나라야. 《삼국유사》에서 발해를 소개하는 부분을 읽어 볼게.

발해는 본래 속말말갈인데, 그 추장 조영(대조영) 때에 이르러 나라를 세우고 스스로 진단이라고 불렀다. 712년에 비로소 말갈이란 이름을 버리고 발해라고 했다.

속말말갈은 말갈의 한 부족으로, 고구려에게 정복돼 있었어. 그러니까 발해는 지배 계급 고구려인과 말갈족 백성들로 이뤄진 나라야.

발해는 대조영의 뒤를 이은 무왕 대에 '해동성국'이라고 불릴 정도로 번성했어. 해동성국이란 '바다 동쪽의 전성기를 맞이한 나라'라는 뜻이야. 발해가 얼마나 강한 나라였는지 알 수 있겠지?

《삼국유사》에는 발해의 위치도 구체적으로 설명돼 있어. 옛 고구려 땅에 세워졌고 신라와 국경을 맞대고 있었다고 말이야. 여러 역사책을 통해 근거도 들었지. 실제로 발해의 유적지에서 발굴된 유물들 중에는 고구려의 문화를 이어받은 것이 많다고 해.

지금은 우리나라가 남과 북으로 나뉘어 있어서 발해나 고구려가 있던 곳은 가기 힘든 곳이 되어 버렸어. 하지만 언젠가 통일이 되면 발해가 어떤 나라였는지 눈으로 확인할 기회가 오지 않을까?

❀ 새로운 나라를 찾아서, 백제

백제의 시작도 부여와 해모수, 주몽과 관련이 있어. 백제의 시조인 온조가 주몽의 아들이거든. 일연 스님은 《삼국사기》의 내용을 소개하며 이렇게 말했어.

《삼국사기》의 〈백제 본기〉에서는 이렇게 말했다. 백제의 시조는 온조이다. 그의 아버지는 추모왕인데, 주몽이라고 부르기도 한다. 주몽은 북부여에서 난리를 피해 달아나 졸본에 이르렀다.

주몽이 졸본에 왔을 때, 이곳의 왕에게는 딸만 셋이고 아들이 없었어.

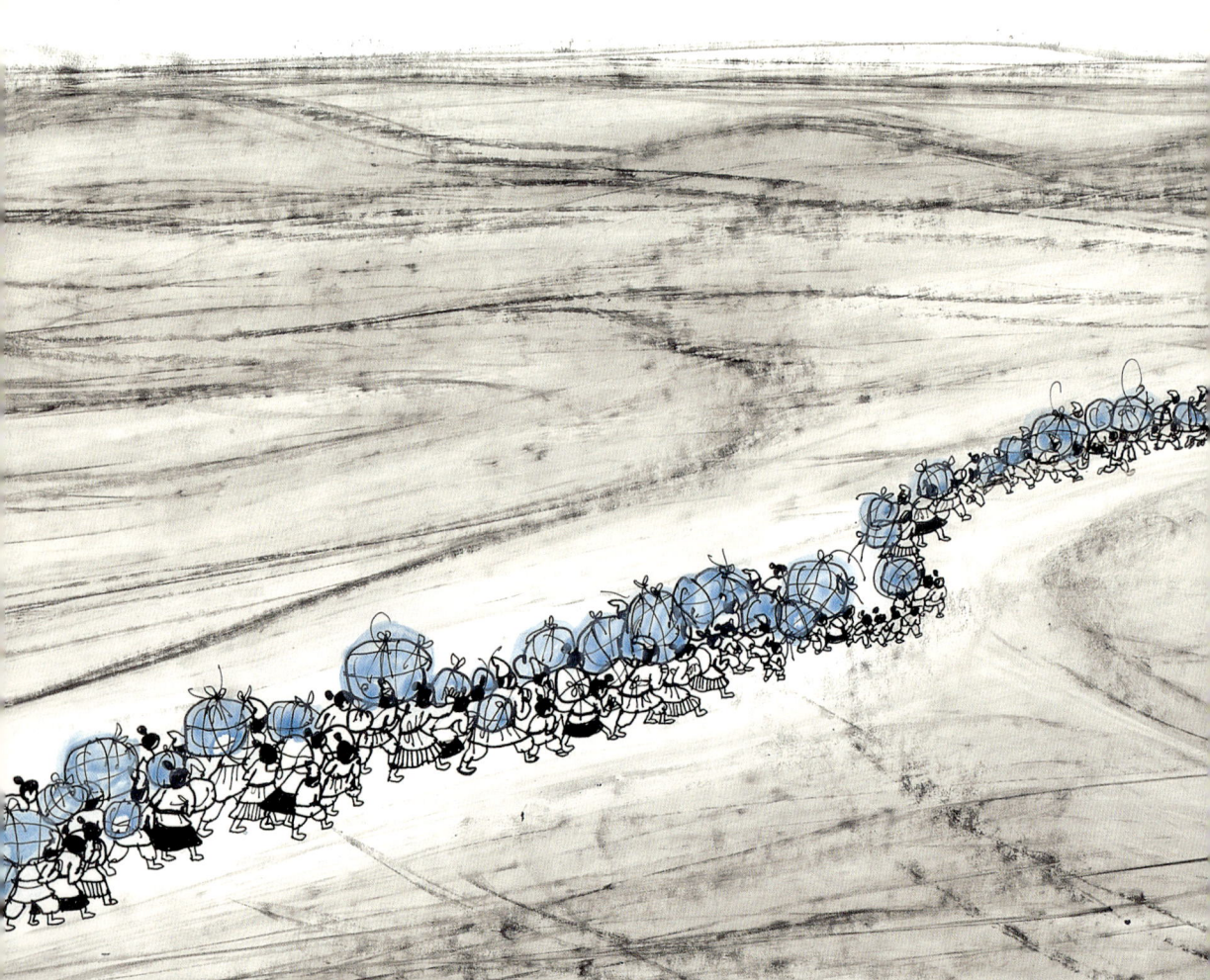

왕은 주몽을 보자마자 보통 사람이 아니라고 생각했어. 그래서 둘째 딸을 주몽과 결혼시켰어.

주몽은 왕위를 이어받고 두 아들을 낳았는데, 큰 아들은 비류요, 둘째는 온조였다. 이들은 나중에 태자(유리왕)에게 받아들여지지 않을 것을 두려워하여, 오간과 마려 등의 신하들과 함께 남쪽으로 내려갔다. 이때 따르는 백성들이 많았다.

주몽의 큰아들 유리는 주몽의 뒤를 이어 왕이 되었어. 이렇게 되니 비류와 온조는 고구려를 떠날 수밖에 없었어. 신하와 백성 들이 비류와 온조를 따랐지. 어디까지 갔을까? 남쪽으로 향하던 형제는 새 나

라의 수도가 될 곳을 찾기 시작했어.

형 비류는 바닷가에 살고 싶어 지금의 인천 땅인 미추홀을 도읍으로 정했어. 하지만 함께 간 신하 열 명이 반대했어. 하남 위례성이 더 좋은 곳이라며 그곳을 수도로 삼자고 했지. 온조는 그 말을 따르려고 했지만 비류는 이 말을 듣지 않고 백성을 나눠 미추홀에 정착했어.

온조는 나머지 백성들을 이끌고 위례성으로 떠났어. 하남 위례성은 오늘날 서울 잠실 풍납동 주변이야. 이곳에서는 흙을 쌓아 올려 만든 여러 토성과 옛 무덤이 발굴되고 있어. 풍납 토성 안의 마을과 건물에서도 도자기 수만 점 등 백제의 유물들이 계속 쏟아져 나오고 있지.

미추홀로 간 비류는 어떻게 됐을까? 미추홀은 신하들의 말처럼 사람들이 정착해 살기 좋지 못한 땅이었어. 그래서 비류는 다시 동생 온조가 다스리는 위례성으로 돌아갈 수밖에 없었어.

비류는 미추홀의 땅이 습하고 물이 짜서 편히 살 수 없게 되자 신하와 백성 들을 이끌고 위례성으로 돌아왔다. 그러고는 도읍이 안정되고 백성들이 편안한 것을 보고 부끄러워 후회하다가 죽었다. 그 후 백성들이 즐겁게 따랐다 하여 국호를 백제로 고쳤다.

그렇게 해서 온조가 백제의 시조가 된 거야. 나라 이름 '백제'가 '백성들이 즐겁게 따랐다'는 뜻이라는 게 참 인상적이지 않아?

온조왕 뒤로도 백제의 왕들은 수도를 옮기며 백제를 발전시켰어. 왕이 된 온조는 14년 뒤에 수도를 한산(서울)으로 옮겼고, 근초고왕은 고구려의 공격을 피해 북한성을 수도로 삼았어. 100여 년이 지난 후 문주왕이 웅천(공주)으로 도읍을 옮겼고, 성왕 때에 와서는 사비성(부여)으로 수도를 옮겼다고 해.

《삼국사기》를 살펴보면 백제 성왕 26년 무오년(538년) 봄에 사비로 도읍을 옮기고 국호를 남부여라고 했다.

성왕은 사비성을 수도로 삼으면서 나라 이름을 '남부여'라고 했어. 앞서 고구려가 된 북부여와 동부여가 생각나지? 성왕이 나라 이름을 남부여라고 한 것은 백제 역시 고구려처럼 부여의 맥을 잇는 나라라고 생각했다고 봐.

사비성은 백제의 마지막 수도였어. 훗날 이곳에서 의자왕은 신라 김유신과 당나라 소정방의 공격을 이기지 못했고, 백제는 역사 속으로 사라지고 말았어.

천년의 역사를 이어 간 신라

고조선이 멸망하자 고조선 사람들은 곳곳을 떠돌았어. 그들은 다른 나라에 가서 살기도 하고 새로운 나라를 세우기도 했어. 일부는 아주 먼 남쪽까지 내려와 삼한(진한, 변한, 마한)에 정착했어.

삼한 중 진한은 현재 경상도 일대에 있던 나라였어. 진한에는 원래 이곳에 살던 사람들이 있었고, 고조선과 진나라에서 온 사람들도 있었어. 진한 사람들은 여섯 개의 마을을 이루어 살고 있었어. 알천양산촌, 돌산고허촌, 무산대수촌, 자산진지촌, 금산가리촌, 명활산고야촌까지 모두 여섯 마을이야.

하루는 이 마을의 큰 어른들이 알천의 언덕 위에 모여 회의를 했어. 여섯 마을을 모아 나라를 만들어 잘 다스려 줄 왕을 찾는 회의였지.

"우리들 위로 임금이 없어 백성들이 제멋대로 하고 있소. 그러니 덕 있는 사람을 찾아 임금으로 삼고 나라를 세워 도읍을 정해야 하지 않겠소."

그러면서 높은 곳에 올라가서 남쪽을 바라봤는데, 양산 아래 우물 옆에서 이상한 일이 일어나고 있었어.

나정(우물) 옆에 번갯불 같은 이상한 기운이 땅에 닿아 있었고, 그 곁에 털이 하얀 말 한 마리가 꿇어앉아 절을 하고 있었다. 그곳을 찾아가 보니 자주빛 알이 하나 있었다. 말이 사람을 보더니 길게 울고는 하늘로 올라가 버렸다.

얼마나 신기했겠어? 그뿐이 아니야. 그 알이 깨지더니 사내아이가 태어났어. 갓난아기인데도 모습과 행동이 단정하고 아름다웠으니 이 아기는 보통 아기가 아니었던 거야.

모두가 놀라고 이상하게 여겨 그 아이를 동천에서 목욕시키자 몸에서 광채가 나고 새와 짐승이 춤을 추니 천지가 진동하고 해와 달이 맑아졌다. 그로 인해 이 아이를 혁거세라고 하였다.

신라의 시조 박혁거세는 이렇게 등장했어. 여섯 마을의 어른들은 혁거세가 자신들이 기다리던 임금이라고 생각했어. 그래서 그에게 맞는 왕비를 찾기 시작했고, 때마침 꼭 맞는 여자아이가 태어났어.

이날 사량리에 있는 알영정에서 계룡이 나타나 왼쪽 옆구리에서 여자아이를 낳았다. 얼굴과 모습이 매우 아름다웠으나 입이 닭의 부리와 같았다. 아이를 월성의 북천에서 목욕시키니 부리가 떨어져 나갔다.

혁거세가 흰말에게 보호받던 알에서 태어난 것도 신기한데, 그의 아내가 될 여자아이는 용의 옆구리에서 태어났어. 게다가 이 용이 닭 모습을 한 계룡이어서 아이의 입도 닭 부리를 닮았어. 모두 신비하고 기이한 이야기들이지.

남자아이가 깨고 나온 알이 바가지 같다고 해서 혁거세의 성은 '박씨'로 정했어. 여자아이는 알영정이라는 우물에서 태어나서 이름을 '알영'이라고 지었어.

두 성인의 나이가 열세 살이 되자 기원전 57년에 사내아이를 왕으

로 세우고 여자아이를 왕후로 삼았다. 나라의 이름은 서라벌 또는 서벌 또는 사라 혹은 사로라고 하였다.

박혁거세는 그 뒤로 61년 동안 나라를 다스리고 하늘로 올라갔어. 7일 후에는 왕의 시신이 땅에 흩어졌고 왕비도 왕을 따라 세상을 떠나 버렸어. 박혁거세 뒤를 이어 태자 남해왕이 왕위에 올라 나라를 다스리면서 신라의 역사가 본격적으로 시작되었지.

신라의 국호는 여러 번 변화를 거쳤어. 서라벌은 계림국이라고 부르기도 했는데, 알령의 탄생이 닭과 관련 있기 때문이야. 또한 신라 김씨 왕조의 시조 김알지가 닭이 울던 우물에서 태어났다고 해서 그렇게 불렀지. 계림국은 훗날 신라로 이름을 바꾸었어.

이처럼 신라의 시작은 작고 소박했어. 삼국 중 가장 늦게 출발했을 뿐만 아니라, 겨우 여섯 마을을 다스리는 왕이었으니까 말이야. 이때만 해도 신라가 고구려와 백제를 제치고 삼국을 통일할 줄 누가 알았겠어?

잊힌 왕국 가야

《삼국사기》와 달리《삼국유사》에서는 고려 문종 때 편찬한 역사책《가락국기》를 통해 가야에 관해 소개하고 있어. 가야는 열두 부족들로 이뤄진 연맹 왕국이야. 한반도 남쪽에 있었던 변한에 속해 있었고, 김해 금관가야, 고령 대가야, 함안 아라가야, 고성 소가야, 성주 성산가야, 상주 고령가야 등 여러 가야국이 연맹을 이루고 있었어.

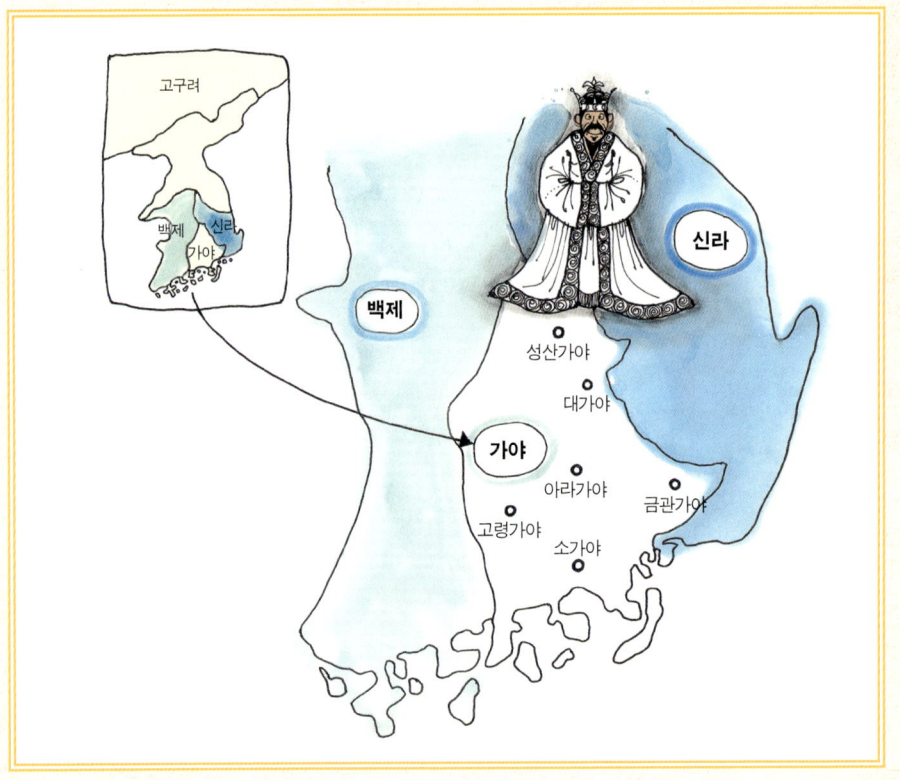

일연 스님은 《삼국유사》에서 가야가 처음 세워질 때 벌어진 신비한 이야기를 들려줘. 어느 날 구지봉(경상남도 김해에 있는 산)에서 "이곳에 나라를 세워 임금이 되기 위해 하늘에서 나를 보냈으니, 나를 부르는 노래를 부르라."라는 목소리가 들려왔어.

"너희들이 모름지기 봉우리 꼭대기의 흙을 파내면서 '거북아, 거북아, 네 목을 내밀어라. 만약 내밀지 않으면 구워 먹겠다.'라고 노래를 부르고 춤을 추거라. 대왕을 맞이하여 너희들은 기뻐 춤추게 되리라."

사람들은 "거북아, 거북아."를 외치면서 춤추고 노래했어. 그러자 하늘에서 자줏빛 새끼줄이 내려왔어. 줄 끝에는 붉은 보자기로 싼 금빛 상자가 달려 있었는데, 안에 황금 알 여섯 개가 있었어. 12일이 지나자 그 알에서 여섯 아이가 태어났어. 모두 아름다웠지. 다시 열흘이 지나자 여섯 아이 모두가 크게 자라 왕위에 오르니, 이들이 여섯 가야국의 임금이야.

그중 가장 먼저 세상에 나온 아이의 이름을 수로 혹은 수릉이라고 불렀고, 금관가야의 왕이 됐어. 바로 김수로왕의 탄생이지. 수로왕은 직접 도읍을 정한 후에 궁궐과 성을 만들고 나라를 다스리기 시작했어. 신하들은 수로왕에게 귀족의 딸 중에서 왕비를 뽑으라고 권했어. 하지만 수로왕은 하늘에서 맺어 준 인연이 있다고 답했어.

얼마 후 바다의 서남쪽에서 붉은 돛을 단 배가 들어왔어. 그 배에는 수로왕의 왕후가 타고 있었어. 왕후는 대궐 밖 나루터에 내리더니 높은 언덕에 올라가 쉬면서 입고 있던 비단 바지를 벗어 산신령에게 결혼 선물로 바쳤어. 왕후는 온갖 비단과 금, 은, 구슬과 옥, 장신구 등을 갖고서 수로왕에게로 갔어. 수로왕이 왕후를 침실로 데리고 가자 왕후가 말했어.

"저는 아유타국의 공주인데, 성은 허씨고 이름은 황옥이며 나이는 열여섯 살입니다."

그러면서 공주는 아버지가 수로왕과 결혼하라며 먼 길을 떠나보냈다고 말해. 아버지가 꿈에서 옥황상제를 만났는데, 딸을 하늘에서 내려온 신성한 가락국(가야)의 임금 수로와 짝을 지어 주라고 했기 때문이지.

아유타국은 인도의 왕국인데, 공주는 어떻게 그 먼 길을 지나 가야까지 오게 됐을까? 여기에 대해서는 여러 가지 해석이 있어. 그중 하나는 가야가 외국의 여러 나라와 활발히 교류하면서 세련되고 높은 수준의 문화를 이룬 것과 관련이 있다고 해.

수로왕과 허왕후는 오래 사랑하고 나라를 잘 다스렸어. 둘 사이에서 아들도 얻었지. 하지만 왕후가 157세에 세상을 먼저 떠나자 수로왕과 백성들 모두가 큰 슬픔에 빠졌다고 해. 왕도 그리움과 슬픔을 이기지 못하다가 158세의 나이로 세상을 떠나 죽은 왕후의 곁으로 갔어.

수로왕 뒤로는 그의 후손 아홉 명이 나라를 다스렸어. 그러다 가야는 신라 진흥왕에 의해 멸망했고 가야국 사람들은 신라의 백성이 되었어. 하지만 가야의 문화는 신라 문화에 많은 영향을 주며 맥을 이어 갔어.

신라를 이끈 왕들의 모험

《삼국유사》는 고조선부터 고구려, 백제, 신라의 역사를 담고 있는데, 그중 신라 이야기가 가장 많아. 삼국을 통일하고 역사를 이어 갔기 때문이겠지. 왕들의 이야기는 기이 1편과 2편에 실려 있어. 왕들의 이야기가 이렇게 많은 건 《삼국유사》가 역사책이라는 의미이기도 해. 특히 신라의 왕들은 기이 2편에 등장해. 자, 그럼 《삼국유사》에 등장하는 신라의 왕들은 어떤 인물이고 어떤 모험을 펼쳤는지 함께 읽어 보자.

엉뚱하고 용감했던 탈해왕

신라의 4대 왕인 탈해왕은 좀 특이한 인물이었어. 우선 그는 박혁거세의 후손이 아니라 멀리 바다에서 건너온 사람이었어. 어느 날 신라의 바다에 배가 한 대 들어왔어. 경주 동남쪽 바닷가에 있는 아진포라는 포구인데, 문무대왕릉인 대왕암에서 3, 4킬로미터 정도 떨어진 곳이야. 그 배에 어린 탈해가 있었던 거지. 《삼국유사》에서는 이 장면을 이렇게 묘사하고 있어.

배를 당겨 살펴보니 까치들이 배 위에 모여 있었고 배 안에는 길이 6미터에 너비 4미터짜리 상자가 하나 있었다. 열어 보니 반듯한 모습의 남자아이가 있었고, 칠보(불교의 일곱 가지 보물)와 노비가 가득 차 있었다. 7일 동안 잘 대접하자 아이는 "나는 본래 용성국 사람입니다."라고 말했다.

용성국은 어디일까? 인도나 중국이라고 말하는 사람들도 있는데, 일연 스님은 왜나라(일본)에서 동북쪽으로 1천 리 떨어진 곳에 있는 나라라고 생각했어.

탈해는 용성국의 함달파왕과 왕비가 7년 만에 얻은 아들이었어. 하지만 왕비가 알을 낳자 왕과 신하들은 좋지 못한 일이라고 생각해서 알을 상자에 담아 보물과 노비들을 함께 배에 실어 먼 나라로 보냈어. 이곳이 아닌 다른 곳으로 가서 나라를 세우고 집안을 이루라고 말이야.

알이 변해 사람이 되니 이름을 탈해라고 했다. 탈해는 바다를 건너 가락국(가야)에 왔는데 키가 석 자가 되고 머리 둘레가 한 자가 되었다.

'탈해'는 상자 속에서 알을 깨고 사람으로 태어났다고 해서 붙여진 이름이야. 키가 90센티미터로 자라 덩치가 부쩍 커진 탈해는 바다를 건너 가야에 닿자마자 궁궐로 들어가 수로왕에게 왕위를 내놓으라고 외쳤대. 갑자기 나타나 왕위를 내놓으라니, 모두 황당했겠지? 수로왕은 단칼에 거절했어. 그러자 탈해는 수로왕에게 술법을 겨뤄 왕을 결정하자고 했어. 하룻강아지 범 무서운 줄 모른다는 말은 이럴 때 쓰는 게 아닐까? 이렇게 해서 수로왕과 탈해의 술법 대결이 시작됐어.

> 탈해가 매로 변하자 수로왕은 독수리가 되고, 또 탈해가 참새로 변하니 왕은 새매로 변했는데, 그 사이가 아주 짧은 시간에 불과했다. 탈해가 본래 모습으로 돌아오니 왕도 원래의 모습으로 돌아왔다.

둘 다 대단하지? 탈해의 술법도 대단했지만 수로왕이 한 수 위였어. 탈해는 항복을 선언하고 크게 절을 하고는 물러갔어.

수로왕에게 왕위를 뺏으러 왔다고 당당하게 외친 탈해를 보니 어떤 생각이 들어? 뻔뻔한 것 같기도 하고 배짱이 두둑한 것도 같지? 탈해의 이런 행동은 여기서 끝이 아니었어.

탈해는 경주 토함산에 올라 자기가 살 만한 집을 살펴봤어. 마침 초승달 모양의 언덕 쪽에서 마음에 드는 곳을 발견했어. 그곳에 가 보니 이미 '호공'이라는 사람이 그 집에 살고 있었지. 하지만 자기 집이라고 점찍은 탈해가 그냥 물러서지 않았겠지?

> 탈해는 곧 계략을 써서 몰래 그 집 옆에 숫돌과 숯을 묻고 다음 날 이른 아침에 그 집에 가서 말했다.
> "여기는 우리 조상이 대대로 살던 집이오!"

봐, 탈해는 이런 사람이야. 수로왕에게도 왕위를 내놓으라고 큰소리치더니, 이번에는 남의 집에 쳐들어가 여기가 내 집이라고 소리치잖아? 집주인 호공도 황당했겠지? 무슨 근거로 그러냐고 따졌더니 탈해는 오히려 당당하게 말했어.

우리 조상은 본래 대장장이였는데, 잠깐 이웃 고을에 간 사이에 그가 빼앗아 살고 있는 것입니다. 땅을 파서 조사해 보십시오.

어젯밤에 몰래 숫돌과 숯을 파묻는 건 바로 이것 때문이었어. 호공이 땅을 파서 보니 정말 탈해의 말 그대로인 거야. 결국 호공은 탈해에게 집을 빼앗기고 말았어.

탈해는 왜 여기저기 시비를 걸고 남의 것을 뺏으려 했을까? 이것은 탈해가 새로운 권력자로 떠오르고 있다는 걸 의미해. 호공의 집을 뺏은 것은 탈해가 호공을 대신해 경주의 세력가가 됐다는 뜻이야.

그리고 탈해가 대장장이의 후손이라고 말한 것도 눈여겨봐야 해. 대장장이는 철과 쇠를 다루는 사람이잖아? 그러니까 탈해는 발달된 철기 문명을 가진 이주민이고, 이를 앞세우고 경주에 들어와 세력을 잡았다는 의미로 볼 수 있어.

탈해의 이야기는 금세 퍼져 나갔고, 신라 남해왕의 귀에도 들어갔어. 남해왕은 탈해를 아주 지혜로운 사람이라 생각해서 첫째 공주를 그에게 시집보냈어. 그러니까 탈해는 머리를 잘 써서 집도 얻고 왕의 사위까지 된 거야.

그런데 남해왕이 죽은 뒤에 태자 노례는 뜻밖에도 탈해에게 왕의 자리를 물려주려고 해. 그러자 탈해는 대뜸 대결을 하자고 해. 이번엔 어떤 대결을 했을까? 탈해는 태자 노례에게 치아 개수가 더 많은 사람이 왕이 되자고 제안했어.

"무릇 덕이 있는 자는 치아가 많다고 하니, 마땅히 잇금(잇자국)으로 시험해 보십시다."
이에 떡을 깨물어 시험해 보니, 노례왕의 잇금이 많았기 때문에 먼저 즉위했다. 이런 연유로 왕을 잇금이라고 한다.

대결 끝에 노례는 신라 3대 왕이 되었어. 탈해는 노례왕의 뒤를 이어서 4대 왕에 올랐어. 이주민이었던 탈해가 온갖 어려움을 겪은 후에 왕이 되었다는 것은 이런 의미야. 노례왕과 후계자 문제로 대결을 벌이기도 했지만 철을 다룰 줄 아는 이주민의 우두머리 탈해가 가야가 아닌 신라를 접수하고 철기 문명을 활짝 열었다고 보는 거지.

탈해왕은 신라를 23년이나 다스렸어. 하지만 내내 전쟁이 끊이지 않을 정도로 어지러운 시대였어. 아무래도 탈해는 이주민이라 자기 세력을 키우기가 쉽지 않았을 거야. 하지만 탈해왕은 포기하지 않았어. 새로운 세력으로 떠오르고 있던 김씨와 손을 잡고 힘을 키웠어. 김씨의 시조 김알지를 태자로 삼으면서 권력의 안정을 꾀했던 거지.

탈해왕은 죽은 후 혼령으로 등장해 자신의 뼈를 조심해서 묻으라고 말해. 그리고 이 뼈를 부수어 '소상(부처의 조각상)'으로 만들어 동악(토함산)

에 묻으라는 말을 남겼어. 그런데 정말 왕의 뼈를 갈아서 조각상을 만들 수 있었을까? 이건 신라 백성들 사이에 전해 오던 이야기야. 그만큼 백성들이 탈해왕을 친근하게 생각했다는 걸 의미하기도 해. 하긴 탈해의 삶은 말 그래도 좌충우돌 드라마 같았으니까 그럴 수도 있겠다. 꾀와 지혜로 신라의 왕까지 되었으니 백성들도 그가 다음에 어떤 일을 벌일까 흥미진진하게 지켜봤을 것 같아.

신라 왕의 호칭

신라에는 왕을 부르는 호칭이 여러 개 있었어. 거서간, 차차웅, 이사금, 마립간 등 시대에 따라 달랐지. 왕이면 그냥 왕이라고 부르면 되지, 왜 이렇게 호칭이 많았을까?

우선 신라를 세운 박혁거세를 살펴볼까? '혁거세'는 명왕, 성왕, 철왕이라는 뜻이야. 현명한 임금, 뛰어난 임금, 총명한 임금이라는 말로, 최고의 왕이라는 뜻이지. 혁거세는 거서간이라고 불렸어. '거서간'은 왕 또는 귀한 사람이란 뜻인데, 신라 이전의 진한에서 쓰던 말이라고 해. 거서간 이후 왕의 호칭이 어떻게 변했는지는 기이 1편 '남해왕 이야기'에 잘 나와 있어. 박혁거세와 알영 부인의 아들로, 신라 2대 왕인 남해왕은 '차차웅'이라고 불렸어.

> 남해 거서간은 차차웅이라고도 한다. 이는 존장을 일컫는 말인데, 오직 이 왕만을 차차웅이라고 불렀다.

남해왕도 거서간이라고 부르면 되지, 왜 또 차차웅이라는 호칭을 붙였을까? 일연 스님은 33대 성덕왕 시절에 《화랑세기》라는 책을 쓴 문장가 김대문의 말을 빌어서 이렇게 설명했어.

차차웅은 무당을 말하는 방언이다. 세상 사람들은 무당이 귀신을 섬기고 제사를 숭상하기 때문에 두려워하고 공경한다. 그래서 존장인 자를 차차웅 또는 자충이라 한 것이다.

그러니까 차차웅은 무당처럼 신비한 힘을 가진 사람이기도 해. 그만큼 왕은 특별한 사람이라는 뜻이겠지? 또 차차웅은 '둘째'를 가리키는 말이기도 해서 2대 왕인 남해왕만 이 호칭을 썼었어.

3대 노례왕부터는 '이사금' 또는 '이질금'이라는 호칭을 사용했어. 이사금과 이질금은 잇금, 즉 잇자국이라는 뜻이야. 바로 앞에서 본 탈해왕과 노례왕의 대결에서 비롯된 호칭이야. 이사금과 이질금은 윗사람, 족장, 우두머리라는 의미도 갖고 있어.

'마립간' 역시 왕의 호칭이야. '마립'은 궐, 즉 서열을 가리키는 방언인데, 《삼국유사》에는 이렇게 설명되어 있어.

마립이란 궐(서열)을 말하는 방언이다. 궐표는 자리에 따라 두는데, 왕궐이 주가 되고 신궐은 아래에 두게 되어 있어 이렇게 이름을 붙인 것이다.

즉 가장 높은 궐에 위치한 사람이 마립간, 즉 임금이란 말이지. 또 '마립'은 우두머리라는 뜻이고 '간'은 크고 길다는 뜻으로, 마립간은 최고 높은 자리라는 의미야. 마립간이란 호칭은 지증왕 이전의 왕들, 즉 내물왕부터 실성, 눌지, 자비, 소지까지 다섯 명의 왕에게 사용됐어. 지증왕 대부터 비로소 '왕'으로 통일됐어.

지증왕은 신라의 국력을 크게 키우고 고대 국가다운 나라 체제를 세운 왕이었어. 소를 이용해 농사를 짓기 시작했고, 석빙고와 큰 배를 만든 것도 지증왕 때의 일이야. 나라 이름을 '신라'로 정한 것도, 왕에게 시호를 만든 것도 지증왕이었어.

제22대 지철로왕의 성은 김씨이고, 이름은 지대로 또는 지도로이며, 시호는 지증이라 했다. 이때부터 시호가 쓰이기 시작했다.

거서간, 차차웅, 이사금, 마립간 등의 호칭은 지증왕 이후로 모두 사라졌어. 지증왕 다음으로 왕위에 오른 23대 법흥왕부터는 시호 뒤에 '왕'을 붙여 불렀지.

🌿 알에서 태어난 김알지와 죽어서도 나라를 지킨 미추왕

경주 교동에는 '계림'이라는 유명한 숲이 있어. 경주 여행을 가면 꼭 들리는 곳 중 하나로 반월성 터 안에 있어. 느티나무가 우거진 이 아담한 숲은 신라 탄생의 역사를 간직한 곳이야. 신라의 시조 박씨, 석씨, 김씨 중에서 김씨의 탄생 설화가 담겨 있는 곳이거든.

탈해왕 4년 때의 일이야. 탈해왕에게 집을 빼앗긴 호공을 기억하지? 바로 그 호공이 월성을 지나다가 숲속에서 밝게 빛나는 수상한 빛 하나를 발견했어.

하늘에서 땅까지 자줏빛 구름이 드리워지고 구름 속으로 보이는 나뭇가지에 황금 상자가 걸려 있었다. 상자 안에서 빛이 나오고 있었고 나무 밑에는 하얀 닭이 울고 있었다.

어때? 박혁거세나 탈해왕의 등장과 비슷하지? 호공도 그렇게 생각했었는지 바로 탈해왕에게 알렸어.

왕이 숲으로 가 상자를 열어 보니 사내아이가 누워 있다가 바로 일어났는데, 혁거세처럼 알에서 태어났기 때문에 알지라는 이름을 붙였다. 알지는 신라 말로 어린아이라는 뜻이다. 왕이 알지를 수레에 싣고 대궐로 돌아오는데 새와 짐승이 서로 뒤따르면서 춤을 추었다.

알지도 혁거세처럼 알에서 태어났어. 혁거세의 알은 흰말이 지키고 있었지만 알지는 하얀 닭의 보호를 받았어. 그래서 알지가 태어난 숲을 '닭 계(鷄)', '숲 림(林)'을 써서 계림이라고 부르기 시작했어. 알지를 실은 수레를 새와 짐승이 뒤따르는 것은 알지가 자연의 보호를 받는 중요한 인물이라는 뜻이기도 해.

　탈해왕은 알지를 궁궐로 데려와서는 태자로 삼아 다음 왕이 되게 하려고 했어. 어, 갑자기 나타난 알지에게 왕위를 물려준다? 이건 무슨 의미일까? 앞서 탈해왕 편에서 이미 이야기했는데 기억나니? 탈해왕이 새로운 세력으로 떠오르는 김씨와 손을 잡고 불안한 왕권을 강화하려고 했다는 이야기 말이야.

　탈해왕은 알지에게 왕이 되라고 했지만 알지는 왕위를 파사왕에게 양보하고 왕이 되지 않았어. 대신 자식을 낳아 대를 잇게 했고, 금빛 상자에서 나왔다고 해서 자신의 성을 김(金)씨로 정했어. 김알지는 비록 왕이 되지 않았지만 후손 중에는 7대손 '미추'가 왕이 되었어. 이로써 김알지는 신라의 왕족 김씨의 시조가 되었어. 아마 이 책을 읽은 친구들 중에도 경주 김씨, 김알지의 후손이 많이 있을 거야.

　김알지의 후손 미추왕은 22년 동안 신라를 다스렸어. 미추왕은 죽어서도 나라를 지키는 영혼, '호국령'으로 유명한 왕이야.《삼국유사》에는 이와 관련된 이야기를 두 가지 전하고 있어.

　유례왕 대에 이서국 사람들이 수도 금성에 쳐들어왔어. 이서국은 경상북도 청도군 일대에 있던 작은 나라야. 신라는 이서국에 계속 지고 몰리기만 했어. 그렇게 큰 위기가 닥쳤을 때 놀라운 일이 일어났어.

갑자기 귀에 대나무 잎을 꽂은 군대가 도우러 와서 우리 군대와 힘을 합쳐 적을 무찔렀다. 적이 물러간 뒤에는 그들이 어디로 갔는지 알 수 없었다. 다만 미추왕의 능 앞에 대나무 잎이 쌓여 있는 것을 보고는 그제야 선왕이 음덕으로 도와 공을 세운 것임을 알게 되었다.

갑자기 귀에 대나무 잎을 꽂은 병사들이 나타나서 이서국 군대를 다 물리치고는 홀연히 사라졌다니, 좀 멋있지 않니? 마치 판타지 소설이나 영화의 한 장면 같지? 이 병사들은 대나무 잎을 꽂았다고 해서 '대나무 죽(竹)'을 써 죽엽군이라고 하고, 미추왕의 무덤은 죽현릉이라고 불러. 미추왕은 죽어서도 신라가 걱정되어서 죽엽군을 보내 위기에 빠진 신라를 구하려고 했던 거야.

미추왕의 신라 사랑은 이뿐만이 아니야. 이번에는 미추왕이 죽은 지 500년 후, 36대 혜공왕 시절까지 가 보자. 이미 신라가 삼국 통일을 이룬 지 100여 년이 지난 후였는데, 삼국 통일에 큰 공을 세운 김유신 장군의 무덤에서 이상한 일이 일어났어.

김유신 장군의 무덤에서 갑자기 회오리바람이 일어났다. 무덤 속에서 어떤 사람이 멋진 말을 타고 나타났는데, 장군과 같은 위용을 갖추고 있었다. 또 갑옷 차림에 무기를 든 마흔 명 가량의 군사가 뒤를 따라와 죽현릉으로 들어갔다.

이게 뭘까? 무덤에서 귀신이라도 나온 걸까? 아마도 멋진 말을 타고 무덤에서 나온 사람은 김유신 장군일 거야. 그는 부하 40여 명을 거느리고 미추왕의 무덤 죽현릉으로 들어갔어. 김유신 장군이 미추왕을 만나러 온 것 같은데, 무슨 볼일이 있었던 걸까? 김유신은 무덤 속 미추왕에게 이렇게 말했어.

"지난 경술년(혜공왕 6년)에 신의 자손이 죄도 없이 죽임을 당했으니, 그것은 왕이나 신하가 저를 마음에 두지 않은 것입니다. 신은 이제 다른 곳으로 멀리 떠나 다시는 나라를 위해 힘쓰지 않으려 하니 왕께서는 허락해 주십시오."

그러니까 이런 사연이었어. 김유신은 살아서는 삼국 통일에 큰 공을 세웠고 죽어서도 나라를 지키고 있는데, 이런 충성심도 몰라주고 내 후손들이 억울하게 죽어 너무 분통하다는 거야. 후손들을 이렇게 대하는 건 혜공왕과 귀족들이 나를 마음에 두지 않은 것이니 나는 기분이 나빠 이 나라를 떠나려고 하니까 미추왕께서 허락해 달라는 말이야. 얼마나 원통했는지 무덤 밖에서도 김유신이 말하고 우는 소리가 크게 진동했다고 해. 그렇다면 미추왕은 어떻게 대답했을까?

"나와 공이 이 나라를 지키지 않으면 백성들은 어떻게 되겠는가? 공은 다시 예전처럼 힘써 노력해 주시오."

미추왕의 대답은 '안 돼.'였어. 세 번이나 애원했지만 미추왕의 대답은 똑같았어. 결국 김유신도 왕의 명을 어기지 못하고 회오리바람이 되어 다시 자신의 무덤 속으로 돌아갔대. 이 놀랍고 무시무시한 이야기가 왕의 귀에 들어갔겠지? 혜공왕은 소문을 듣자마자 바로 신하를 보내 김유신의 무덤에 잘못했다고 사과했어. 그리고 그의 명복을 빌어 달라고 큰 절에 부탁도 했지.

미추왕의 나라 사랑은 이처럼 대단했어. 그래서 후손들은 미추왕의 제사를 박혁거세를 모신 오릉의 제사보다 먼저 지내고, 미추왕의 무덤 죽현릉을 '대릉(큰 무덤)'이라고 부르고 있어.

모두가 사랑한 김유신

《삼국유사》의 기이 편에는 왕들의 이야기를 모아 놓았다고 했지? 그런데 여기에 왕이 아닌데도 한 장을 차지하고 있는 인물이 있어. 바로 신라의 김유신이야.

김유신은 신라 최고의 장군이었지만 금관가야의 후손이야. 금관가야의 마지막 임금인 구형왕이 김유신의 증조 할아버지거든. 그의 집안은 가야가 망한 후에 경주로 와 귀족이 되었어. 김유신의 할아버지와 아버지는 신라가 백제와 전쟁을 할 때 공을 많이 세웠어. 그런데도 출신 성분을 따지며 골과 품으로 등급을 나누는 신라의 신분 제도는 가야 출신인 김유신에게 큰 벽이었어. 하지만 김유신은 스스로의 노력으로 신분제의 한계를 이겨 냈어.

김유신은 북두칠성의 정기를 받고 태어나 등에 칠성 무늬가 있었다고 해. 그래서인지 신기하고 이상한 일도 많았는데, 그중 세 여신의 보살핌을 받은 이야기가 《삼국유사》에 실려 있어.

김유신이 열여덟 살 때 화랑이던 시절 이야기야. 당시 화랑들은 고구려와 백제를 공격할 계획을 세우고 있었어. 그때 화랑 백석이 김유신에게 함께 고구려를 정탐하러 가자고 했어. 그런데 골화천에서 만난 세 여인이 김유신에게 몰래 백석의 정체를 알려 줘.

"우리들은 내림, 혈례, 골화 등 세 곳의 호국신입니다. 지금 적국 고구려 사람이 공을 유인하여 데리고 가는데도 공은 그것을 모르고 따라가고 있어 우리가 그것을 말리기 위해 여기에 온 것입니다."

알고 보니 세 여인은 신라 사람들이 모시는 여신이었던 거야. '내림'은 경주 낭산, '혈례'는 경북 청도의 부산, '골화'는 경북 영천의 금강산을 말하는데, 여신들은 각각 이곳에 살며 나라를 지키고 있었어.

여신들의 말을 듣고 깜짝 놀란 김유신은 백석에게 중요한 문서를 잊고 왔다는 거짓말로 그를 안심시키고 몸을 피했어. 그리고 백석을 체포했지. 세 여신의 말대로 백석은 고구려 사람이었고, 김유신을 없애려고 했었어. 김유신이 고구려를 멸망시킬 운명을 타고난 사람이라는 이유였지.

신라 사람들이 숭배하는 세 수호신이 일부러 나서서 김유신의 목숨을 구했다는 이 이야기는 무슨 의미일까? 그만큼 신라 백성들이 김유신을 따르고 좋아했다는 거야. 신라를 지키고 삼국 통일을 완성한 영웅을 소중히 생각하고 있었던 거지.

《삼국사기》에도 김유신 장군의 활약상이 많이 소개되어 있지만 이런 신비로운 이야기는 없어. 일연 스님은 《삼국사기》에는 없는 세 여신과 김유신의 이야기를 소개하면서, 김유신이 얼마나 백성들의 존경과 사랑을 받았는지를 강조하고 있어.

진평왕의 신비한 보물과 지혜로운 선덕 여왕

신라 26대 진평왕은 체격이 엄청나게 컸다고 해. 키가 11척이나 된다고 하는데, 11척이면 3미터가 넘어. 이렇게 키가 크다 보니 절에 행차했을 때 섬돌을 밟자 한꺼번에 세 개가 무너졌다고 해. 진평왕은 정말 키가 3미터가 넘었을까? 이것은 왕의 위대함을 강조하기 위한 표현이야.

진평왕은 왕이 되어 54년이나 신라를 다스렸어. 신라의 왕들 중 가장 오래 임금의 자리에 있었지. 진평왕은 중국과 직접 교역을 하면서 신라의 문물을 발전시켰고, 불교를 융성하게 하는 등 나라 발전에 최선을 다했어. 11척 거인으로 표현할 만큼 왕권도 강했고 힘도 있었어. 뿐만 아니야. 진평왕은 하늘도 인정하는 왕이었어. 하늘에서 천사를 내려 보내 보물을 보낼 정도였으니 말 안 해도 알겠지?

왕이 즉위한 원년에 천사가 궁전 뜰에 내려와 말했다.
"상제께서 나에게 명하여 이 옥대를 전해 주라고 하셨습니다."
왕이 친히 무릎을 꿇고 그것을 받으니 천사가 하늘로 올라갔다. 큰 제사 때에는 언제나 이 허리띠를 매었다.

진평왕의 옥대가 얼마나 대단한 보물이냐면, 고구려가 인정한 신라의 3대 보물이었어. 고구려는 황룡사의 장륙존상(사람 키의 두 배 이상 크기의 불상)과 9층 목탑, 진평왕의 옥대까지 이 세 가지 보물 때문에 신라를 정벌하지 못한다고 했어. 위대한 왕에게 하늘이 내린 옥대에 일연 스님은 큰 감동을 받았던 것 같아. 직접 시를 써서 진평왕의 옥대에 대한 감상과 생각을 표현했거든. 그럼 일연 스님이 쓴 시를 한번 볼까?

구름 밖 하늘이 주신 옥대는
우리 임금의 곤룡포와 맞춤이네
우리 임금 몸이 더욱 무거우니
내일 아침에는 쇠로 섬돌을 만들어야겠네

그런데 진평왕에게도 고민거리가 하나 있었어. 왕비인 마야 부인 사이에 아들이 없었던 거야. 진평왕에게는 딸만 셋이었는데 모두 너무너무 유명한 사람들이란다. 첫째 딸은 최초의 여왕인 선덕 여왕이고, 둘째는 삼국을 통일한 무열왕의 어머니 천명 부인이야. 그리고 백제 무왕과 결혼한 〈서동요〉의 주인공 선화 공주가 셋째 딸이야. 셋째 선화는 가상의 인물이라는 주장도 있는데, 어쨌든 《삼국유사》에는 진평왕의 세 딸이 모두 등장해.

딸들이 모두 이렇게 대단한데 아들이 없다는 걱정을 왜 하나 싶지? 먼 옛날 삼국 시대는 오늘날과 사정이 다르잖아. 더욱이 신라는 나라를 세울 때부터 성골 남자만 왕이 될 수 있었으니까 그 시대 사람들은 '최초의 여왕'을 받아들이기 힘들었을 거야. 귀족과 신하 들의 반대가 많았지만 지혜로운 첫째 덕만은 진평왕의 뒤를 이어 신라의 27대 왕이 되었어.

선덕 여왕은 영특하고 현명했어. 《삼국유사》에는 이와 관련된 재미난 이야기들이 실려 있어. 그 첫 번째는 당나라 태종이 선덕 여왕에게 보낸 모란 그림과 관련된 이야기야.

당나라 태종이 붉은색, 자주색, 흰색의 세 가지 색으로 그린 모란과 그 씨를 보냈다. 선덕 여왕이 그림을 보고 "이 꽃은 분명 향기가 없을 것이다."라고 말했다. 씨를 뜰에 심도록 하였는데 과연 꽃이 피었다가 떨어질 때까지 왕의 말과 같이 향기가 없었다.

선덕 여왕은 그림만 보고 어떻게 '향기 없는 모란'이라는 걸 알았을까? 선덕 여왕은 이렇게 말했어.

"꽃 그림에 나비가 없어 향기가 없다는 것을 알았다. 이는 당나라 황제가 남편이 없는 나를 놀리는 것이다."

당태종도 선덕 여왕이 여자라고 은근히 무시했던 것 같아. 그걸 여왕이 한눈에 꿰뚫어 보고 멋지게 되받아쳐 준 거지.

두 번째는 선덕 여왕이 자신이 죽을 때와 묻힐 장소를 미리 알린 거야.

왕이 아무런 병이 없는데 여러 신하에게 말했다.
"나는 아무 해 아무 날에 죽을 것인즉, 나를 도리천 가운데에 장사를 지내도록 하라."
여러 신하들이 그곳의 위치를 몰라 물으니 왕이 말했다.
"낭산 남쪽이다."

선덕 여왕은 정말 자신이 예언한 날에 죽었어. 신하들은 유언에 따라 왕을 낭산 남쪽의 양지 바른 곳에 묻었어. 그리고 선덕 여왕이 죽고 10년이 지난 뒤에 문무 대왕이 선덕 여왕의 무덤 아래에 사천왕사를 지었지. 불경을 보면 사천왕사 위에 도리천(불교의 33명의 신들이 살고 있는 곳)이 있다고 해. 그러니까 예언대로 선덕 여왕의 무덤은 도리천 가운데 있게 된 거지.

선덕 여왕은 남들보다 멀리 내다보고 사람들이 보지 못하는 것을 꿰뚫어 볼 줄 알았어. 최초의 여왕이었으나 선덕 여왕의 위엄과 지혜에 모두 고개를 숙일 수밖에 없었던 거지. 선덕 여왕 대에 돌을 다듬어 첨성대를 만들었다는 《삼국유사》 기록만 봐도 알 수 있지. 신라 최초의 여왕이었던 선덕 여왕이 이처럼 지혜롭게 나라를 잘 다스렸으니 훗날 진덕과 진성도 여왕이 될 수 있었던 게 아닐까?

원광 법사와 세속 오계

진평왕 대에 활약한 스님 중에 원광 법사가 있어. 원광은 신라에서 처음 중국으로 유학을 떠난 스님이야. 요즘은 유학이 흔하지만 그땐 아니었어. 1천 5백 년 전에 공부하러 외국에 간다는 건 목숨을 걸 만큼 어렵고 대단한 일이었어. 그냥 유학만 한 게 아니라, 공부를 마치고 돌아와 신라의 발전에 큰 역할도 했어. 원광 스님의 일대기를 보면 모범 유학생이라는 생각이 저절로 들 거야. 모름지기 유학생은 이래야 한다는 모습을 보여 주고 있지.

그는 사람 됨됨이가 넓고 크며, 글을 좋아하여 철학과 유학을 폭넓게 읽고 공부하였을 뿐만 아니라 여러 책과 역사서를 공부하여 이름을 삼한에 떨쳤다. 그러나 아무리 넓고 크다고 해도 자신의 지식이 중국에 미치지 못한 것을 부끄럽게 생각하여 부모와 헤어져 해외로 나갈 결심을 했다. 그리하여 스물다섯 살에 배를 타고 금릉(진나라)에 도착했다.

원광이 유학을 떠난 건 스물다섯 살 때였네. 신라에서 가장 뛰어난 학생이었는데도 배움이 부족하다고 중국으로 유학을 떠난 거지.

원광이 얼마나 뛰어났는지 중국의 여러 나라에서도 원광의 이름이 드

높았어. 수나라 황제도 그를 높게 평가했는데, 원광이 신라로 돌아간 후에도 그를 돌려보내 달라고 신라 왕에게 요청할 정도였대. 원광은 11년을 공부하고 다시 신라로 돌아왔어. 그때는 진평왕이 신라를 다스릴 때였어.

진평왕이 원광을 만나 보고는 공경하여 성인처럼 우러러 모셨다. 원광은 성품이 겸손하고 여유롭게 정이 많아 모든 사람에게 두루 사랑을 베풀었고, 말할 때는 항상 웃음을 머금으며 노여움을 사지 않았다. 외교 문서나 보고서, 오가는 국서는 모두 그의 머릿속에서 나왔다.

원광은 유학을 다녀온 뒤에 나랏일도 훌륭히 해냈고, 나이가 들어서 많은 사람의 존경을 받았어.

《삼국유사》의해 편에는 원광이 화랑의 세속 오계를 만든 이야기도 소개되어 있어. 그 이야기도 들려 줄게.

화랑 귀산은 어진 선비였어. 그는 친구 추항과 함께 늘 덕이 있는 선비들과 사귀면서 몸과 마음을 수련하고자 했어. 그러던 중 원광이 유학에서 돌아와 가슬갑이라는 절에 있다는 말을 들었어. 가슬갑은 지금의 경북 청도 운문사에서 9천 걸음 정도 떨어진 곳에 있다는 절이야. 귀산은 추항과 함께 가슬갑에 가서 원광에게 가르침을 달라고 부탁했지.

"속된 선비들은 어리석고 아는 것이 없으니, 한 말씀만 해 주시면 평생 교훈으로 삼겠습니다."

귀산의 간곡한 부탁에 원광은 불교인이 아닌 일반인들이 지켜야 할 다섯 가지 가르침(계)을 알려 줬어. 어떤 내용인지 원광 스님의 말을 들어 보자.

지금 세속에는 다섯 가지 계가 있다. 첫째는 임금을 섬기는 것이고, 둘째는 효도로 어버이를 섬기는 것이고, 셋째는 믿음으로 벗과 사귀는 것이고, 넷째는 싸움터에서 물러남이 없는 것이고, 다섯째는 살생을 가려서 하는 것이다. 너희들은 이를 실행하는 데에 소홀함이 없어야 한다.

원광의 이 가르침이 곧 화랑의 세속 오계가 됐어. 사군이충, 사친이효, 교우이신, 임전무퇴, 살생유택까지 화랑이 지키고 갈고 닦아야 할 계율이 됐어. 귀산과 추항은 원광이 알려 준 세속 오계를 받들어 수행하기로 결심했어. 훌륭한 화랑이 된 두 사람은 전쟁에 나가 큰 공을 세웠다고 해. 원광이 만든 세속 오계는 신라 화랑의 믿음이 되어 화랑도를 발전시키고, 삼국 통일의 기초를 만드는 데에 크게 기여했어.

삼국을 하나로 만든 신라

고구려, 백제, 신라 삼국 가운데 신라는 가장 작은 나라였고, 고구려와 백제에 비해 발전도 늦었어. 그런데도 세 나라를 통일해 최후의 승자가 됐어. 넓은 영토와 강한 군사력을 가진 고구려와 불교 문화를 세련되게 발전시킨 백제를 이긴 힘은 무엇이었을까? 삼국 통일 이후 신라 왕들의 이야기에서 그 이유를 같이 찾아보자.

통일의 문을 연 태종 무열왕

삼국 통일의 기틀을 마련한 태종 무열왕은 진평왕의 둘째 딸 천명 부인의 아들이고, 선덕 여왕의 조카야. 왕이 되기 전에는 김춘추라는 이름으로 더 많이 알려져 있었지. 김춘추는 김유신 장군과도 아주 가까운 친구이자 처남 매부 사이였어. 바로 김유신의 막내 누이 문희가 김춘추와 결혼했기 때문인데, 여기엔 이런 재미있는 이야기가 있어.

어느 날 문희의 언니 보희가 이상한 꿈을 꿨어. 보희가 경주 서악에 올라 오줌을 눴는데 경주가 오줌으로 가득 차 버렸대. 꿈이긴 하지만 얼마나 황당하고 민망했겠어? 근데 동생 문희는 좋은 꿈이라고 생각했나 봐.

언니에게 꿈을 사겠다고 했어.

> 동생이 꿈을 받으려고 치마폭을 벌렸다. 언니가 말했다.
> "어젯밤 꿈을 너에게 주겠다."
> 동생은 그 값으로 비단 치마를 주었다.

귀한 비단 치마를 주고 산 꿈은 어떤 결과를 낳았을까? 그로부터 얼마 후 오빠 김유신과 김춘추가 집 앞에서 축구를 하다가 김춘추의 옷고름이 떨어지는 일이 생겼어. 김유신은 우리 집에 가서 옷을 꿰매자고 했어. 집에 와서는 바로 큰누이 보희를 불렀지.

> 김유신은 아해에게 옷을 꿰매 달라고 하자 아해가 말했다.
> "어찌 사소한 일 때문에 경솔히 귀공자를 가까이하겠습니까?"
> 그리고 한사코 사양하였으므로 아지에게 시켰다. 춘추공은 김유신의 뜻을 알아차리고 아지를 가까이하여 이후 자주 오고 갔다.

아해는 보희, 아지는 문희의 어릴 때 이름이야. 그러니까 김유신은 일부러 김춘추의 옷을 밟아 여동생을 소개시켜 준 거야. 왕가와 사돈을 맺으려고 했던 거지. 그런데 그 행운은 오줌 싼 꿈을 꾼 보희가 아니라 그 꿈을 산 문희에게 돌아갔어. 문희는 훗날 왕이 되는 김춘추와 결혼했으니, 비단 치마를 주고 언니의 꿈을 살 만했던 거 아닐까?

김춘추와 문희의 결혼은 두 사람만의 일을 넘어서는 큰 사건이었어.

가야 출신 김유신은 왕위 계승 1순위인 김춘추와 처남 매부 사이가 되면서 큰 힘을 얻게 됐어. 김춘추도 김유신의 비상한 능력에 힘입어 삼국 통일의 문을 열었으니 결과적으로 모두에게 이로웠던 거야.

> 왕은 김유신과 함께 신통한 꾀와 힘을 합하여 백제와 신라를 통일했다. 그는 사직에 큰 공로를 세웠으므로 묘호를 태종이라 했다.

그렇다면 태종 무열왕 김춘추는 어떤 사람이었을까? 《삼국유사》에는 김춘추가 하루에 쌀 서 말(약 54리터)과 꿩 아홉 마리를 먹을 만큼 체격이 컸다고 나와.

> 왕의 식사는 하루에 쌀 서 말과 수꿩 아홉 마리였는데, 660년에 백제를 멸망시킨 이후로는 점심은 먹지 않고 아침과 저녁만 먹었다. 그러나 이것도 계산해 보면 하루에 쌀 여섯 말, 술 여섯 말, 꿩 열 마리였다.

옛이야기에서는 사람의 위대함을 몸집의 크기나 먹는 양으로 표현하니까 무열왕은 그만큼 신성하고 비범한 사람이었다는 말이야. 백제를 멸망한 후에 더 많은 음식을 먹었다는 건 그만큼 백성들이 살기 좋은 시절이었다는 걸 의미해.

당나라 황제가 곁에 두고 싶어 할 정도로 뛰어났던 김춘추는 진덕 여왕의 뒤를 이어 왕위에 올라 무열왕이 되었어. 무열왕은 8년 동안 나라를 다스리고 백제를 무너뜨리며 삼국 통일의 문을 열었어. 《삼국유사》에는 무열왕과 김유신이 백제를 치자 이에 맞섰던 백제의 마지막이 자세히 묘사되어 있어.

660년, 무열왕이 왕위에 오른 지 5년째 되는 해였어. 백제에 이상한 일이 많이 일어난다는 소식을 듣고 당나라에 둘째 아들 김인문을 사신으로 보내 군사를 청했어. 당나라 고종은 소정방 장군이 이끄는 13만 군사를 보냈고, 신라에서는 김유신이 5만 정예군을 이끌고 백제를 정벌하러 갔어. 결국 황산벌에서 계백 장군과 백제군은 죽을힘을 다해 싸웠지만 군사 수에서 밀려 패하고 말았어.

백제 의자왕은 당나라 군사와 신라 군사가 이미 백강과 탄현을 지났다는 말을 듣고 장군 계백을 보내 결사대 5천 명을 이끌고 황산으로 나가 신라 군사와 싸우도록 했다. 백제군은 네 차례 싸워 모두 이겼으나 군사가 적고 힘이 다하여 결국에는 패했고 계백은 죽었다.

계백과 백제군을 물리친 당나라와 신라군은 백제의 수도 사비성을 향해 가고 있었어. 한창 길을 가다가 갑자기 소정방이 공격을 멈추려고 했어. 소정방의 부대 위로 새 한 마리가 맴돌고 있었는데, 이것이 장군을 다치게 하는 점괘라는 이유였어. 그러자 김유신이 새를 활로 쏴 죽이고는 이렇게 말했어.

"어찌하여 날아다니는 새의 괴이한 짓 때문에 하늘이 준 기회를 놓

칠 수 있겠소. 하늘의 뜻에 응하고 민심을 따라 어질지 못한 자(의자왕)를 치는데 어찌 상서롭지 못한 일이 있겠소!"

김유신의 말은 반은 맞고 반은 틀렸어. 소정방은 다음 전투에서 백제군에게 패했으니 말이야. 하지만 이 이야기는 백제군의 저항이 만만치 않아 전투가 그만큼 치열했다는 것을 보여 주고 있어.

결국 신라와 당나라 연합군에 사비성을 뺏긴 의자왕이 항복하면서 678년을 이어 온 백제 역사는 막을 내리고 말았어. 이로 인해 신라는 고구려 아래 남쪽 땅을 모두 차지했어.

무열왕은 백제가 멸망한 다음 해 661년에 세상을 떠났어. 하지만 그의 아들 문무왕이 아버지의 뜻을 이어 고구려까지 무너뜨리면서 삼국을 통일했어.

무열왕이 처음 왕위에 올랐을 때 어떤 사람이 머리는 하나에 몸이 둘이고 다리는 여덟 개나 되는 돼지를 갖다 바친 적이 있어. 이를 두고 사람들은 반드시 천하를 통일할 좋은 징조라고 했대. 무열왕 대에 두 나라였던 신라와 백제가 하나가 됐으니 맞는 말이겠지?

무열왕이 죽고 나서 태종이란 묘호가 붙은 건 그 뒤로 신라가 삼국을 통일했기 때문이야. 하지만 당나라에서는 태종이라는 묘호를 쓰지 못하게 하려고 했어. 태종은 황제만 쓸 수 있는 호칭이거든. 그러자 손자인 신문왕이 당나라에 이런 글을 보냈어.

신라는 비록 작은 나라이지만 성신 김유신을 얻어 삼국을 통일하였기 때문에 태종이라고 한 것입니다.

그러자 당나라 황제도 김춘추가 태자이던 시절에 하늘에서 들려오던 노래를 떠올렸어. 그 노래는 도리천에 있던 한 사람이 신라에 태어나 김유신이 되었다는 내용이었거든. 황제는 고개를 끄덕이며 무열왕에게 태종 호칭을 쓰도록 허락했다고 해.

백제의 마지막 왕, 의자왕

　백제는 31대 의자왕을 마지막으로 역사 속으로 사라졌어. 의자왕 하면 계백 장군, 삼천 궁녀, 낙화암 같은 것들이 먼저 떠오를 거야. 의자왕은 나랏일을 돌보지 않고 삼천 궁녀와 놀기만 해서 백제를 망하게 한 무능한 왕이라고들 하지. 하지만 의자왕도 처음부터 그랬던 건 아니었어. 의자왕은 무왕의 맏아들로 용맹하고 성품도 좋은 왕자였어. 부모님에게 효도하면서 형제들과도 우애가 깊었고, 학문도 높아 모두가 왕이 될 재목이라고 했지.

　하지만 641년 왕위에 오른 의자왕은 술과 여자에 빠져서 정사를 어지럽혀 백제를 큰 위기에 빠뜨렸어. 왕이 나랏일에 손을 놓자 나라 곳곳에서 이상한 일들이 일어났어. 홰나무가 사람처럼 곡소리를 내며 울기도 하고 궁궐에 귀신이 나타나 울기도 했어. 사비성의 우물물이 핏빛으로 변하고 서해의 물고기들이 죽는 일도 벌어졌지.

　또 귀신이 궁에 들어와 백제는 망한다고 저주를 퍼붓고는 땅속으로 들어가 버리는 일까지 일어났어. 귀신이 숨은 곳을 파 보니 거북이 한 마리가 웅크리고 있는데 등에 이런 글이 쓰여 있었어.

"백제는 보름달이고, 신라는 초승달과 같다."

의자왕은 무당을 불러 이 글을 해석하라고 명령했어. 무당은 '보름달은 가득 차면 기우는 법이고 초승달은 차지 않으니 점차 차오르는 것을 의미한다.'라고 풀이했어. 나라가 망한다는 말에 의자왕은 크게 화를 내고는 무당을 죽여 버렸어. 그러자 다른 무당은 반대로 해석했어. 보름달인 백제는 강성한 것이고, 초승달인 신라는 점점 약해진다고 했어. 왕은 안심하며 그 말을 믿었어.

나라의 앞날을 예언하는 말도 무시했던 의자왕은 충신과 간신의 말도 구분하지 못했어. 자신에게 쓴소리를 한 신하 성충의 말은 무시하고 성충을 옥에 가둬 버렸어. 성충이 감옥에서 죽어 가면서까지 전쟁에 대비해야 한다고 했지만 의자왕은 이 또한 듣지 않았어.

신라와 당나라 군대가 공격해 온다는 말을 듣고도 의자왕과 신하들은 갈팡질팡 헤맸어. 어떻게 싸울지 의견을 모으지 못하고 서로 다투기만 했어. 신라와 당나라 연합군이 코앞까지 밀고 들어왔을 때서야 계백 장군이 결사대 5천 명을 이끌고 황산으로 출동했지만 무릎을 꿇고 말았어. 의자왕과 신하들은 수도 사비성까지 적이 쳐들어오자 싸우지도 못하고 공주 산성으로 도망갈 수밖에 없었지.

"성충의 말을 듣지 않은 것이 후회스럽도다."

의자왕은 이렇게 후회했지만 때는 이미 늦었어. 당나라 소정방은 의자왕과 태자, 왕자들 대신 백성 1만 2천여 명을 당나라로 보내 버렸어. 왕과 귀족들이 잘못해 나라가 망했는데 백성들만 남의 나라로 끌려간 거야.

의자왕은 결국 병으로 죽고 말았지.

그러면 우리가 알고 있는 의자왕의 삼천 궁녀들은 어떻게 됐을까? 일연 스님은 《백제고기》라는 옛 책에 나와 있는 낙화암의 전설을 소개했어.

부여성 북쪽 모퉁이에 강물에 잇닿은 큰 바위에 전해 오는 이야기가 있다. 의자왕은 후궁들과 함께 죽음을 피하지 못할 것을 깨닫고 차라리 자결할지언정 다른 사람의 손에 죽지 않겠다고 말했다. 서로 이끌어 이곳까지 와서 강물에 몸을 던져 죽었기 때문에 세속에서는 이곳을 타사암(낙화암)이라 한다.

하지만 일연 스님은 이 기록이 부풀려진 것이라고 말해. 당나라 역사책 《당서》에 의자왕이 당나라에서 죽은 것으로 기록되어 있거든. 그러니까 낙화암에 몸을 던져 죽은 건 궁인들뿐이었다는 거야. 세련된 불교 문화를 일으키고 일본까지 그 영향을 크게 미쳤던 백제는 이렇게 신라로 흡수되어 버렸어.

🌿 삼국 통일을 완성한 문무왕

문무왕은 무열왕과 문희 사이에서 태어난 맏아들로, 이름은 법민이야. 아버지 무열왕의 뜻을 이어 김유신과 함께 고구려를 치고 삼국 통일을 완성했어. 또 한반도를 통째로 삼키려고 했던 당나라 군대까지 몰아내면서 통일 신라 시대를 활짝 열었어.

문무왕이 삼국 통일을 완성하는 데에는 김유신 장군뿐 아니라 원효 대사, 의상 대사가 큰 도움이 됐어. 또 당나라와의 외교를 맡은 동생 김인문의 역할도 컸어. 그들의 활약과 삼국 통일을 과정을 함께 살펴볼까?

추운 겨울, 당나라 군대가 고구려 정벌을 위해 고구려의 수도 평양 교외에 머무르고 있을 때였어. 당나라군은 신라에 식량과 물자를 요청했어. 왕은 고민에 빠졌어. 신라를 돕는 당나라군의 요구를 들어주긴 해야 하는데, 적국으로 들어가는 게 너무 위험했기 때문이야. 그때 김유신이 김인문과 함께 수만 명을 거느리고 고구려 국경으로 들어가 식량 2만 곡을 날랐어. 왕은 기뻐하며 다시 부하를 보내 당나라군과 합칠 날짜를 알아보라 했어.

또한 군사를 일으켜 당나라군과 합세를 하고자 먼저 연기, 병천 등에 두 사람을 보내 함께 모일 날을 묻자, 당나라 장수 소정방은 종이에 난새(봉황과 비슷한 전설 속의 새)와 송아지를 그려 보내 주었다.

난새와 송아지 그림이라니! 이게 무슨 뜻일까? 아무도 그 뜻을 읽어 내지 못할 때 원효 대사가 편지를 해석해 줬어. 그건 바로, 빨리 후퇴하라는 뜻이었어.

김유신은 군사를 돌려 패강을 건너면서 명령했다.
"늦게 건너는 자는 베겠다!"
군사들이 앞다퉈 반쯤 건넜을 때, 고구려 군사가 쳐들어와서 미처 다 건너지 못한 자들을 죽였다. 다음 날 김유신은 고구려 군사를 뒤쫓아 반격하여 수만 명을 붙잡아 죽였다.

원효 대사의 지혜를 얻어 김유신 장군이 재빨리 움직인 덕분에 군대를 이동했지만 피해도 만만치 않았어. 하지만 군사를 잃고도 바로 다음 날 군대를 재정비해서 전투에서 크게 이겼어. 이렇게 시작한 고구려 정벌은 668년에 마무리됐어.

그런데 고구려와 전쟁이 끝났는데도 당나라 군사들은 전부 돌아가지 않았어. 신라를 습격해 우리 땅을 다 차지하려는 속셈이었지. 문무왕이 이를 눈치채고 군사를 일으켜 맞섰어. 당나라 황제는 크게 화를 내며 김인문을 옥에 가두고 군사 50만 명을 보내 신라로 쳐들어가려고 했어.

여기서 의상 대사가 등장해. 마침 당나라 유학 중이던 의상 대사가 옥에 갇힌 김인문을 찾아갔다가 그동안의 이야기를 전해 들었어. 의상은 바로 신라로 돌아가 왕에게 이 모든 사실을 알렸어. 문무왕은 신하들과 함께 당나라군을 어떻게 막을지 의논했고, 최근 용궁에서 비법을 전수받은 명랑 법사에게 도움을 청하기로 했어.

명랑 법사가 아뢰었다.

"낭산 남쪽에 신유림이 있는데, 그곳에 사천왕사를 세우고 절을 열면 됩니다."

하지만 절을 짓기도 전에 당나라 군사가 국경에 도착했어. 마음이 급해진 왕은 명랑 법사에게 다시 어떻게 할지 물었어. 그러자 명랑 법사는 곱게 물든 비단으로 임시 절을 만들어서 비법을 쓰기 시작했어.

이때는 당나라 군대가 신라 군대와 전쟁을 하기 전이었는데, 바람과 파도가 거세게 일어 당나라 군대의 배가 모두 침몰되었다. 그 후에 절을 고쳐 짓고 이름을 사천왕사라고 했으며 지금도 이 절은 남아 있다.

파도를 일으켜 군사를 모두 침몰시켰다니 당나라 황제는 화도 나고 황당했어. 그래서 김인문과 함께 옥에 갇혀 있는 박문준에게 대체 어찌 된 일이냐고 물어봤지. 박문준은 거짓말을 살짝 보태서 이렇게 답했어.

"저희는 당나라에 온 지 10년이나 되어 신라에서 일어난 일을 알지 못합니다. 다만 멀리서 한 가지 들은 것은 있습니다. 경주 낭산 남쪽에 천왕사를 짓고 황제의 만수무강을 빌며 오랫동안 법회를 열고 있다고 합니다."

자기를 위해 절을 지었다고 하니 황제는 기분이 좋아졌어. 하지만 이 말이 사실인지 의심스러워 신라에 사신을 보냈어. 문무왕이 당나라 사신에게 사천왕사를 그대로 보여 줬을까? 천만의 말씀이지. 문무왕은 얼른 다른 절을 지어서 사신에게 보여 줬어. 사신의 말만 듣고 기분이 좋아진 황제는 새 절의 이름을 망덕사라 짓고 인질로

잡아 둔 김인문을 풀어 줬어.

하지만 수십 년 만에 고향으로 돌아가던 김인문은 가던 도중 바다에서 죽었다고 해. 무열왕의 동생 김인문은 삼국 통일을 위해 외교 분야에서 큰 활약을 했지만 안타깝게도 다시 고향에 돌아오지 못했어.

이처럼 삼국 통일은 왕이나 한두 사람의 힘으로 된 건 아니야. 수많은 사람이 각자 자기 분야에서 고생하고 희생해서 통일 신라가 완성될 수 있었던 거야. 그래서일까. 문무왕은 죽어서까지 통일된 신라를 지키겠다고 했어. 이 이야기도 《삼국유사》에 나와 있어.

> 대왕은 나라를 21년 동안 다스리다가 681년에 죽었는데, 동해 가운데 있는 큰 바위 위에 장사를 지내라고 유언을 내렸다. 왕은 평소 지의 법사에게 이렇게 말했다.
> "짐은 죽은 뒤 나라를 지키는 큰 용이 되어 불법을 높이 받들면서 나라를 지키고 싶소."

경주 감포 앞바다에는 대왕암이라는 커다란 바위가 있어. 바로 죽어서까지 나라를 지키겠다는 문무 대왕의 소망이 깃든 곳이야. 사람들은 이곳을 '문무 대왕 수중 왕릉'이라고 불러.

문무왕은 삼국 통일을 완성한 왕이기도 했지만 백성들을 아끼고 어진 정치를 편 성군이기도 했어. 경주에는 진평왕 때부터 쌓은 성들이 여럿 있었어. 문무왕 역시 왕이 된 뒤 수도에 또 다른 성을 쌓으려고 했지. 이때 의상 대사가 왕에게 글을 올렸어.

"왕이 정치를 잘하고 나라를 바른 방향으로 이끌면, 비록 풀이 가득한 언덕에 땅을 그어 성을 만들더라도 백성들이 감히 넘지 못하고, 나쁜 일을 없애고 복이 오게 할 수 있습니다. 그러나 왕이 그렇지 못하면 비록 큰 성이 있다고 하더라도 재해가 사라지지 않을 것입니다."

의상 대사의 말은, 성을 쌓기 시작하면 백성들이 너무 고생한다는 거였어. 그렇잖아도 신라 백성들은 계속된 전쟁으로 온갖 작업에 동원되고 있었어. 이제 통일을 이루고 전쟁이 끝나서 좀 쉬려나 했는데 다시 성을 쌓으라 한다면 백성들도 불평할 수밖에 없을 거야.

다행히 문무왕은 의상 대사의 충고를 받아들여서 공사를 하지 않았어. 쓴소리를 들을 줄 알았고 백성들을 생각하는 마음이 크고 어진 왕이었기 때문이야.

문무왕이 얼마나 좋은 왕인지는 《삼국유사》에 나온 이 이야기만 봐도 알 수 있어. 어느 노비들이 세 쌍둥이와 네 쌍둥이를 낳자 나라에서 곡식을 보냈다는 이야기지.

666년 3월 10일 어떤 사람의 노비로 길이라는 이름을 가진 자가 있었는데 한 번에 아들 셋을 낳았다. 또 670년 1월 7일에는 한기부의 일산급간의 노비가 한 번에 자식 넷을 낳았는데, 딸 하나에 아들 셋이다. 그래서 나라에서 곡식 200석을 주었다.

고대 국가에서 인구는 곧 국력이야. 신라가 막 통일을 완성하고 국력을 키워 갈 때였으니까 아이들을 많이 낳아 인구를 늘려야 했어. 그럴 때 나라에서 쌍둥이를 낳은 노비에게 곡식을 주었다니, 아이를 많이 낳을 수 있도록 왕과 신하들이 정치를 잘하고 있었다는 말이기도 해. 문무왕 대에는 아이들에게 밥을 풍족히 먹일 수 있을 만큼 살기 좋은 시절이었던 것 같아.

신문왕과 나라를 지킨 피리

경주 감포 앞바다의 대왕암으로 가는 길에 오래된 절터가 있어. 절은 남아 있지 않지만 두 개의 탑이 남아 우뚝 서 있지. 이 절의 이름은 감은사야. 신문왕이 아버지 문무 대왕을 위해 지었어. 죽어서도 나라를 지키려 했던 문무 대왕의 의지와 아버지를 향한 아들 신문왕의 효심이 담긴 절이야.

어느 날 이 절 쪽으로 바다 한가운데 있던 작은 섬이 떠내려와 파도를 타고 왔다 갔다 하고 있었어. 소식을 전해 들은 신문왕은 이상하다 싶어 일관(천문 관측과 점성을 담당하는 관리)을 불러 점을 치게 했어. 일관은 바다의 용이 된 문무 대왕과 김유신 장군이 신문왕에게 큰 보물을 주려는 것 같다고 말했어. 왕은 그 말에 따라 곧장 감은사로 갔어. 그러고는 사신에게 섬을 살펴보라고 했어.

(바다 위) 산의 형세는 거북이 머리처럼 생겼고 그 위에 대나무가 한 그루 있었는데 낮에는 둘이 되고 밤에는 하나로 합쳐졌다.

신문왕은 이 모든 것이 예사롭지 않은 일이라고 보고 곧장 왕궁으로 돌아가지 않고 감은사에서 묵었어. 그랬더니 다음 날 더 놀라운 일이 일어났어. 《삼국유사》에서 그 광경을 읽어 보자.

이튿날 오시(11~1시)에 대나무가 하나로 합쳐지자, 천지가 진동하고 7일 동안 폭풍우가 치면서 날이 어두워졌다가 그달 16일에야 바람이 멈추고 파도가 가라앉았다. 왕이 배를 타고 그 산으로 가니 용이 검은 옥대를 바쳤다.

왕은 용을 맞이하며 물어봤어. 어째서 산과 대나무가 떨어졌다가 합쳐지냐고. 용은 대나무가 둘이 합칠 때 소리가 나는 것처럼 왕이 소리로 천하를 다스릴 징조라고 했어. 그러면서 이 대나무로 피리를 만들라며 이렇게 말했어.

"왕께서 이 대나무로 피리를 만들어 불면 천하가 평화로울 것입니다. 돌아가신 왕께서는 바다 속 큰 용이 되셨고, 김유신 역시 하늘의 신이 되었습니다. 두 성인께서 한마음이 되어 값을 매길 수 없는 큰 보물을 내려 저에게 바치도록 한 것입니다."

왕은 용에게 오색 비단과 금옥으로 보답하고 대나무와 옥대를 가지고 돌아왔어. 용이 준 옥대가 보통 물건이 아닌 것을 바로 알아본 사람은 태자 이공이었어. 태자는 옥대가 곧 용이라고 말하며, 그 증거로 옥대의 한 쪽을 떼서 물에 넣어 보았어.

> 옥대의 두 번째 쪽을 떼어 시냇물에 담갔더니 곧바로 용이 되어 하늘로 올라갔고 그 자리는 못이 되었다. 그래서 용연(용이 있던 못)이라고 불렀다.

어때? 신기하지? 이쯤 되면 용이 말한 피리의 힘도 궁금했겠지? 왕은 용에게 받은 대나무로 피리를 만들었어. 역시나 그 피리는 엄청난 힘을 갖고 있었어.

> 이 피리를 불면 적군이 물러가고, 병이 낫고, 가물 때는 비가 내리고, 장마 때는 비가 그치고, 성난 바람이 그치고 파도가 잠잠해졌으므로 만파식적이라고 부르고 국보로 삼았다.

'만파식적'은 '큰 파도를 잠재우는 피리'라는 뜻이야. 이 피리는 신라 사람들의 존경을 한 몸을 받고 있는 문무 대왕과 김유신이 신문왕을 보살피고 있다는 것을 의미해. 아버지는 용이 되어서까지 아들과 신라를 지키고, 영웅 김유신도 하늘의 신이 되어 왕과 백성들을 지키고 있지. 즉 신라는 지금 아무 걱정이 없는 태평성대라는 뜻이야.

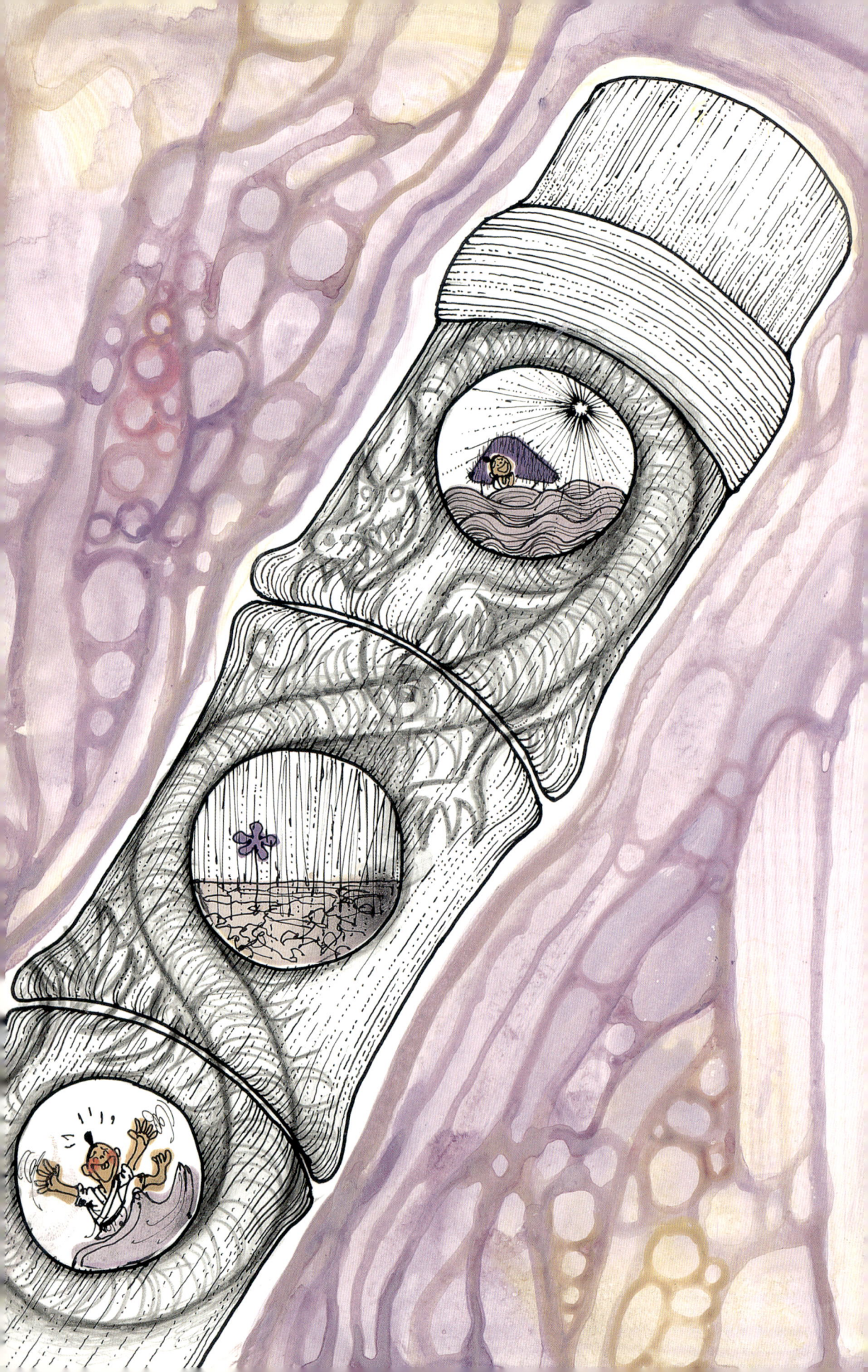

실제로 신문왕 대에는 전쟁도 없었고 평화가 계속됐어. 또한 피리는 신라의 문화가 세련되게 발전하고 있다는 것을 의미하기도 해. 만파식적은 훗날 원성왕 대에도 크게 활약해서 신라를 위기에서 구했어. 문무 대왕과 김유신이 신라에 큰 보물을 준 게 맞았던 거야.

🌿 왕이 되고 싶었던 원성왕

신라의 38대 원성왕 김경신은 성골이 아닌 진골 귀족이었어. 김경신은 혜공왕 때 일어난 반란을 진압하면서 힘 있는 인물로 떠올랐어. 이 무렵에는 왕권이 크게 약해지면서 호시탐탐 왕위 노리는 진골 귀족들이 많아서 크고 작은 반란이 일어났어. 김경신도 그런 야심가들 중 하나였어.

혜공왕이 반란으로 죽자 선덕왕이 왕위에 올랐지만 5년 만에 왕위를 다른 사람에게 물려주려고 했어. 이때 김경신은 어떻게 왕이 됐을까? 그 이야기가 《삼국유사》 원성 대왕 편에 나와 있어.

> 처음에 이찬 김주원이 재상이 되고 원성왕은 각간으로서 재상의 다음 자리에 있었다. 하루는 꿈에서 원성왕이 두건을 벗고 흰 갓을 쓰고 열두 줄 가야금을 들고서 천관사 우물 속으로 들어갔다.

김주원은 훗날 원성왕 김경신과 함께 왕위를 다투는 인물이야. 하지만 이때만 해도 김주원이 좀 더 높은 위치에 있었어. 이상한 꿈을 꾼 김경신은 마음이 편하지 않았어. 그래서 꿈풀이하는 사람에게 먼저 물어봤더니 나쁜 꿈이라고 답했어. 두건을 벗는 건 관직을 잃는 것이고, 가야금을 드는 건 칼을 드는 것, 우물 속은 감옥이라는 거지. 얼마나 무섭고 불안했겠어? 그런데 김경신의 아랫사람 아찬 여삼은 정반대로 꿈풀이를 해 줬어.

북두를 벗는 것은 그 위에 사람이 없는 것이고, 흰 삿갓을 쓴 것은 면류관(왕관의 한 종류)을 쓸 징조입니다. 또한 열두 줄의 가야금을 지니는 것은 왕위를 받을 징조이고, 천관사 우물에 들어간 것은 궁궐에 들어갈 좋은 징조입니다.

한마디로 왕이 될 꿈이라는 거지. 그러면서 몰래 북천의 신에게 제사를 지내면 왕이 될 수 있다는 비법까지 알려 줬어. 김경신은 어떻게 됐을까? 다시 《삼국유사》를 읽어 보자.

얼마 후 선덕왕이 세상을 떠나자 나라 사람들은 김주원을 왕으로 삼아 궁으로 맞아들이려고 했다. 그의 집은 북천 북쪽에 있는데 마침 냇물이 불어서 건널 수가 없었다. 이에 김경신이 먼저 궁에 들어가 왕위에 오르자 대신들이 모두 따라와서 새 임금에게 축하를 드리니 이가 원성 대왕이다.

김경신이 북쪽 냇물에 살고 있는 북천의 신에게 제사를 지낸 보람이 있었어. 북천의 신이 냇물을 넘치게 하는 바람에 김주원이 궁에 들어가지 못했으니 말이야. 냇물 때문에 두 사람의 운명을 바뀌고 만 거지. 이 이야기는 김경신이 또 다른 진골인 김주원과 경쟁 관계에 있었다는 걸 의미해. 두 라이벌이 치열하게 눈치를 보며 싸우다가 김경신이 이겨서 왕이 됐다는 말이지.

이렇게 힘들게 왕이 됐으니 원성왕은 늘 불안했을 거야. 그런 왕에게 신문왕 때의 만파식적이 있다는 건 큰 힘이 되었을 거야.

왕의 아버지 대각간 효양이 만파식적을 왕에게 전했다. 왕은 만파식적을 얻었으므로 하늘의 은혜를 받아 그 덕이 멀리까지 빛났다.

죽어서도 용과 천신이 되어 나라와 임금을 지키려는 문무 대왕과 김유신이 신문왕에게 준 피리가 만파식적이야. 그런 피리를 갖고 있으니까 그 누구도 원성왕을 쉽게 보지 못하겠지? 나라 안 여러 경쟁자는 물론이고 다른 나라도 원성왕의 신라를 함부로 침입하지 못하는 거지.

심지어 일본에서는 원성왕이 만파식적을 갖고 있는지 확인하고 싶어서 금을 들고 와서 피리를 보여 달라고 했어. 하지만 왕은 일본에 피리를 절대 보여 주지 않았지.

《삼국유사》에는 이런 이야기도 있어. 경주 분황사에 가면 오래된 우물이 있는데 '세 용이 물고기로 변한 우물'이라는 뜻인 '삼룡변어정'이라고 불러. 이 우물은 원성왕과 얽힌 이야기를 지니고 있어.

원성왕이 왕위에 오른 지 11년이 되는 해에 당나라 사신이 와서 한 달쯤 머물다 돌아갔어. 그런데 다음 날 두 여자가 임금 앞에 나타나더니 이런 말을 하는 거야.

"저희들은 동지(동쪽 연못)와 청지(푸른 연못)에 있는 두 용의 아내입니다. 그런데 당나라 사신이 하서국(몽골) 사람 둘을 데리고 와서 우리 남편인 두 용과 분황사 우물에 있는 용까지 모두 작은 고기로 변하게 해서 통 속에 담아 가지고 돌아갔습니다. 바라옵건대, 폐하께서는 그 두 사람에게 명령하여 우리 남편들과 나라를 지키는 용을 돌려주도록 하십시오."

동지와 청지는 동천사라는 절에 있는 연못으로 신라를 지키는 용이 살고 있었다고 해. 이곳의 두 용과 분황사 우물의 용을 몽골 사람들이 물고기로 만들어 훔쳐 갔다는 거지.

　나라를 지키는 용을 데려갔다는 말에 가만있을 수 없겠지? 왕은 사신을 쫓아가서 직접 잔치를 열고는 용을 돌려주지 않으면 사형에 처하겠다고 했어. 몽골 사람들은 바로 물고기를 돌려줬고, 이들을 분황사 우물과 두 연못에 각각 풀어 줬더니 용이 되어 하늘로 날아올랐다고 해.

　이 이야기는 신라를 수호하려는 원성왕의 의지를 칭찬하기 위한 것이야. 이런 칭찬은 왕권을 강화하는 데도 도움이 되니까 말이야.

🌱 김부 대왕과 신라의 멸망

　신라의 마지막 왕 경순왕 편의 제목을 일연 스님은 '김부 대왕'이라고 했어. '김부'는 경순왕의 이름이야. 천년 역사를 자랑하던 신라도 갈수록 힘이 약해지고, 그 틈을 타 주변에서 여러 나라들이 생겨나기 시작했어. 그중 견훤이 세운 후백제와 궁예가 일으킨 후고구려가 있었지. 후고구려는 훗날 왕건이 궁예를 쫓아내고 왕위에 올라 나라 이름을 '고려'로 바꿨어. 이 시기를 '후삼국 시대'라고 불러.

　경순왕을 왕으로 만든 건 후백제 견훤이었어. 927년 견훤은 신라의 수도 경주로 들어와 포석정에서 잔치를 하던 경애왕을 공격했어. 견훤은 인정사정없이 신라의 왕과 왕비, 귀족들을 붙잡았어. 그는 곧장 경애왕을 죽이고 경순왕 김부를 왕위에 올렸지.

견훤에 의해 왕이 된 경순왕은 경애왕의 시체를 서당을 안치하고 신하들과 함께 통곡했어. 이때 고려의 왕건이 찾아와 조문을 했어. 경순왕은 마음과 예의를 갖추고 대하는 왕건을 보고 자신의 처지를 한탄하며 왕건에게 의지하고자 했어. 경순왕은 신라를 압박하던 견훤과 왕건 사이에서 눈치를 보다가 왕건 편에 서기로 한 것 같아. 그러면서 왕건에 대해 이렇게 표현했어.

지난번 견훤이 왔을 때는 이리와 호랑이를 만난 것 같았는데, 지금 왕건이 온 것은 부모를 만난 것 같다.

이런 분위기는 경순왕이 점점 약해지는 신라를 고려에 넘길 결심을 하게 만들었어. 경순왕은 신하들을 불러 이 문제를 의논했지. 태자는 경순왕의 의견에 반대했어.

"나라가 존재하거나 망하는 것은 반드시 하늘의 뜻입니다. 그래서 충신과 의로운 분들과 함께 민심을 수습해서 힘을 다한 뒤에 그만두어야지, 어찌 천년 사직을 경솔하게 남에게 내주겠습니까?"

태자의 말도 일리가 있지만 왕의 생각은 달랐어. 신라는 이미 힘없는 나라가 됐으니, 나라를 지키겠다고 전쟁을 하다가는 백성들이 고생한다고 생각했거든. 고민 끝에 경순왕은 신라를 고려에 넘기기로 결정했어. 아버지 경순왕과 뜻이 달랐던 태자는 나라를 잃은 슬픔을 안고 금강산으로 들어가 버렸어.

태자는 울면서 왕에게 하직하고 곧장 개골산(여름의 금강산 이름)으로 들어가 삼베옷을 입고 풀뿌리를 캐어 먹으면서 일생을 마쳤다.

신라의 마지막 태자는 이렇게 죽을 때까지 삼베옷(마의)을 입었다고 해서 '마의 태자'라고 불렸어. 아들 마의 태자와 달리 경순왕은 왕건에게 나라를 바치고 왕건의 맏딸과 결혼해 고려의 사위가 됐어. 나라 이름 신라는 경주로 바뀌었고 경순왕은 고려의 신하가 되었지.

우리 태조가 처음으로 우호를 맺어 일찍부터 그 풍채와 행동거지를 알아보고 부마와 혼인을 맺어 안으로 절개와 의리에 따랐다. 국가가 통일되고 군신이 완연히 삼한으로 합쳤으니 아름다운 이름은 널리 퍼지고 아름다운 법은 빛나고 높았다.

경순왕 김부는 왕건에게 큰아버지의 딸도 시집보냈어. 김부의 사촌 누이는 훗날 고려의 다섯 번째 왕비인 신성 왕후가 돼. 신성 왕후의 핏줄은 고려의 8대 임금 현종까지 계속 이어졌어.

일연 스님은 《삼국사기》의 기록을 그대로 가져와 신라의 마지막을 기록했어. 가만히 읽어 보면 신라를 고려에 넘긴 경순왕을 현명한 왕으로 그리고 있지. 태조 왕건도 신라의 마지막 왕을 가족으로 삼을 만큼 너그럽고 대범한 인물로 표현하고 있어. 일연 스님도 고려 사람이라서 아무래도 태조 왕건과 고려 편에 설 수밖에 없었을 거야.

사실 백성들 입장에서는 큰 전쟁이 없었으니 다행이고, 신라든 고려든 그들의 삶은 크게 다르지 않았을 거야. 고려는 신라를 계승한 나라이기도 하니 말이야.

문화의 뿌리

나라의 기틀이 된 불교,
오래전부터 백성들 입에서 전해 온 이야기와
아름다운 신라 사람들의 노래까지
우리 문화의 뿌리가 된 옛이야기를 들어 보자.

불교, 나라의 기틀

불교를 말하지 않고 삼국 시대를 설명하기는 힘들어. 고구려, 백제, 신라가 나라의 기틀을 잡고 찬란한 문화를 이루는 데에 불교의 역할이 컸기 때문이지. 《삼국유사》에는 흥법 편을 포함해 7장에 걸쳐 불교 이야기가 소개되어 있어. 불교 이야기가 많은 건 일연 스님이 승려인 이유도 있겠지만 당시 사람들의 삶에 불교가 깊고 넓게 스며들어 있었기 때문일 거야.

고구려와 백제에 먼저 온 불교

불교가 세 나라에 들어와 국가의 공식 인정을 받은 것은 고구려, 백제, 신라 순이야. 먼저 고구려와 백제부터 볼까? 흥법의 첫 장은 승려 '순도'가 고구려에 불교를 전하는 이야기로 시작해.

소수림왕이 즉위한 372년, 중국 전진의 부견이 사신과 승려 순도를 보내 불상과 경전을 전해 왔다. 또 374년에 아도가 진나라에서 왔다. 다음 해 2월에 순도가 지낼 초문사를 짓고, 이불란사를 지어 아

> 도를 머물게 했다. 이것이 고구려 불법의 시작이다.

고구려에 불교가 처음 들어온 건 소수림왕 때야. 이때 중국의 전진에서 승려 순도가 불교 경전과 불상을 가지고 왔고, 진나라에서는 '아도'라는 승려가 왔었어. 이때 고구려는 별 저항 없이 불교를 받아들였던 것 같아. 순도와 아도가 지낼 절까지 지어 줬으니 말이야. 이로써 삼국에 불교가 처음 들어온 것은 372년이고, 최초의 승려는 순도와 아도, 처음 세운 절은 초문사와 아불란사였어. 그러면 백제에는 언제 불교가 전해졌을까? 《삼국유사》를 다시 보자.

> 제15대 침류왕이 왕위에 오른 384년에 인도의 승려 마라난타가 진나라에서 오자, 그를 맞아 궁중에 머물게 하고 예를 갖춰 공경했다. 다음 해에 새 도읍 한산주에 절을 지어 도첩(승려의 신분증명서)을 받은 승려 열 명을 두었다. 이것이 백제 불법의 시초다.

고구려에 승려가 처음 들어오고 12년이 흘렀어. 백제에도 중국 진나라에서 온 승려가 불교를 전했어. 승려의 이름은 마라난타로 인도 사람이었어. 384년에 마라난타는 백제의 첫 승려가 되었어. 그리고 다음 해에 절을 짓고 스님 열 명을 배출했는데, 이게 백제 불교의 시작이야.

이렇게 고구려와 백제는 큰 문제 없이 불교를 받아들였어. 고구려는 대륙과 교류를 많이 하던 열린 나라였고, 백제도 대륙의 여러 나라는 물론이고 일본과 문화 교류가 많았던 나라였기 때문이야. 두 나라는 외국의 새로운 문화를 받아들이는 데에 큰 거부감이 없었기 때문에 불교도 쉽게 받아들였어. 그렇다면 신라는 어땠을까? 다음 이야기에서 신라의 불교가 들어온 과정을 알아보자.

🪷 법흥왕과 이차돈의 순교

삼국 중 불교가 가장 늦게 전해진 나라는 신라야. 신라 초기에는 고구려와 백제에 비해 외국과 교류도 적었고 새 문물을 쉽게 받아들이지 못했어. 보수적이고 토속 신앙의 뿌리가 깊었기 때문이지.

신라에 불교가 들어온 계기는 두 가지 이야기로 나눌 수 있어. 신라에 불교를 처음 전파한 승려 묵호자(아도)의 이야기, 그리고 이차돈의 순교로 법흥왕이 불교를 신라의 국교로 인정한 이야기야. 먼저 신라에 불교를 처음 들여온 묵호자(아도)부터 볼까?

《삼국사기》에서는 이렇게 말한다. 제19대 눌지왕 때 승려 묵호자가 고구려에서 일선군(경북 군위)에 이르자, 그 군에 사는 모례가 집 안에 굴을 파고 그를 편안히 지내게 했다. 이때 중국 양나라에서 사신을 통해 가사(스님들의 옷)와 향을 보냈다.

묵호자는 신라에 온 첫 번째 스님이야. 불교가 신라에 처음 들어온 거지. 때마침 중국에서 스님들의 옷과 향을 보냈는데 그게 뭔지 아무도 몰랐어. 그때 묵호자가 향을 피워 공주의 병을 낫게 하면서 향과 옷의 쓰임새를 알려 줬어. 이건 불교와 함께 새로운 문물이 들어왔다는 의미야.

그런데 13대 미추왕 대에 고구려 승려 아도가 모례의 집에 왔다가 공주의 병을 고쳐 준 이야기도 남아 있어. 일연 스님은 묵호자와 아도를 같은 사람일 거라고 말했어. 아도가 묵호자의 별명이라는 거지. 기록에 따라 아도(묵호자)가 신라에 온 시기는 조금씩 다르지만 일연 스님은 눌지왕 때일 거라고 정리했어. 아도가 공주의 병을 고치자 왕은 그의 소원대로 큰 절을 지어 줬다고 해. 절 이름은 흥륜사, 신라의 첫 번째 절이지.

하지만 아도와 여러 승려들의 노력에도 불구하고 눌지왕이 죽자 이 모든 것들이 없던 일이 되어 버렸어. 일연 스님은 아도까지 죽으면서 신라에는 불교가 없어져 버렸다고 말해. 그러면서도 아도가 신라 불교의 기초를 다졌다고 평가했고 시를 써서 아도의 공을 높이 샀어.

금교에 눈 덮여 아니 녹으니
계림의 봄빛은 아직 먼데
영리한 봄의 신 재주도 많아
모례네 집에 매화꽃이 먼저 피었네.

눌지왕과 아도가 신라 불교의 기초를 놓았다면, 법흥왕은 불교를 일으키고 이차돈은 몸을 바쳐 불교를 신라의 국교로 만드는 데 기여했어.

《삼국사기》에 '법흥왕 14년인 527년에 하급 신하인 이차돈이 불법(불교의 법)을 위해 목숨을 바쳤다.'라고 했다.

법흥왕은 신라에 불교를 들여오고 싶어 했어. 불법으로 백성의 복을 빌고, 죄를 없애는 장소도 만들고 싶어 신하들과 상의했지만 모두가 반대했어.

그때 이차돈이 등장했어. 이차돈은 자기를 희생해서 왕의 뜻을 이루게 하겠다고 말했어. 하지만 왕은 허락하지 않았어. 이차돈의 나이가 스물두 살로 너무 어리고 그의 벼슬도 너무 낮았거든. "네가 나설 일이 아니다."라고 말렸지. 그러자 이차돈은 왕에게 이렇게 말했어.

"나라를 위해 몸을 버림이 큰 절개요, 임금을 위해 목숨을 다함이 백성의 곧은 의리입니다. 그릇된 말씀을 전했다 하여 신에게 목을 베는 형벌을 주시면 온 백성이 모두 복종하고 감히 명령을 어기지 못할 것입니다."

이차돈은 자신이 대신들에게 절을 지으라는 왕명을 받았다고 말하겠다 했어. 그러면 신하들이 왕에게 가서 따지겠지? 그러면 왕은 이차돈이 왕명을 거짓으로 전한 죄를 물어 죽이는 거야. 그러면 모두가 두려워 왕의 뜻을 따를 거라고 했지. 하지만 왕은 살아 있는 목숨을 함부로 죽일 수 없다며 거절했어. 이차돈도 물러서지 않았어.

"뭐라 해도 제 목숨만큼 버리기 어려운 것은 없습니다. 그러나 제가 저녁에 죽어 커다란 가르침이 아침에 행해지면 부처님의 날이 다시 설 것이요, 임금께서 길이 평안하시리다."

이쯤 되니 왕도 감동할 수밖에 없었겠지? 왕은 눈물을 흘리며 이차돈의 목숨을 빼앗을 무시무시한 칼과 형구를 늘어놓았어. 그리고 두려움에

떠는 신하들 앞에서 보란 듯이 이차돈을 베었어. 그때 놀랍고 신비한 일이 일어났어.

이차돈을 칼로 베자 흰 젖이 길게 솟구치고 하늘이 어두워지면서 석양이 빛을 감추고 땅이 진동하고 비가 후드득 떨어졌다. 임금이 슬퍼하고 흘린 구슬픈 눈물은 용포를 적시고 여러 재상들도 근심하고 슬퍼하여 머리에 쓴 사모에는 땀이 배었다.

이차돈의 목을 베어 버리자 붉은 피가 아닌 흰 젖이 솟구치며 천하를 감동시킨 거야. 이런 광경을 보고 어느 신하가 불교를 반대하겠어? 신하들은 모두 입을 모아 법흥왕과 이차돈을 칭찬했어. 이차돈이 죽자 왕은 자추사라는 절을 짓고 그의 아내가 그곳에서 수행하며 지내도록 했어.

그 뒤로 법흥왕의 아들 진흥왕 대에 대흥륜사라는 큰 절을 완성했어. 또 547년에는 중국에서 부처님의 사리와 불경이 들어왔어. 이로써 신라는 불교의 모든 것을 갖췄어. 절도 더 많이 생기고, 절 안에 탑이 세워졌지. 스님들도 많아지면서 불교는 크게 흥하게 돼. 신라는 불교를 통해 백성들과 나라의 힘을 하나로 모아 결국 삼국의 통일을 이뤘어. 모두 세 성인 아도, 법흥왕, 이차돈의 노력 덕분이었지.

위대한 신라의 탑, 황룡사 9층 목탑

신라 유적이 모여 있는 경주 중심부에는 월성, 동궁과 월지 등이 자리하고 있어. 그 근처에는 큰 절터도 있지. 바로 신라에서 가장 큰 절 황룡사가 있던 곳이야. 신라 최고의 절이었지만 고려 시대 몽골의 침입으로 모두 불타 없어지고 흔적만 남아 있어. 하지만 절터만 봐도 얼마나 큰 절이었는지 쉽게 짐작할 수 있어.

《삼국유사》탑상 편에는 황룡사에 관한 이야기가 자세히 나와 있어. 절이 지어진 과정과 그곳에 있었던 불상과 9층 목탑, 대종 등이 소개되어 있어. 먼저 황룡사가 언제 어떻게 세워졌는지부터 볼까?

신라 제24대 진흥왕이 즉위한 지 14년째인 553년 2월, 용궁의 남쪽에 대궐을 지으려고 하는데 그 땅에서 황금빛 용이 나왔다. 그래서 궁궐 대신 절을 짓고 황룡사라 했다. 569년에 담장을 쌓아 17년 만에 공사를 끝마쳤다.

황룡사는 569년, 진흥왕 때 완성됐어. 황금빛 용이 나온 곳에 지은 절이어서 황룡사가 됐다고 소개하고 있네.

황룡사에는 '장륙존상'이라고 하는 아주 큰 불상이 있었어. 이 불상에는 이런 이야기가 전해 오고 있어. 하루는 울주의 곡포라는 포구에 인도에서 온 큰 배가 들어왔어. 그 배에는 황철과 황금이 엄청 많이 실려 있었어. 인도 아육왕이 이 철과 금으로 아주 큰 불상을 만들려고 했지만 실패하자 이 재료들을 바다로 띄워 보낸 거였어. 인연이 닿은 곳에서 누군가 불상을 완성하길 바라면서 말이야. 아육왕의 배가 도착한 곳은 신라였고, 신라 사람들은 철과 금을 경주로 옮겨 한 번에 불상을 완성해 버렸어.

  마지막으로 신라국에 이르러 진흥왕이 문잉림에서 주조하여 불상을 완성했는데 모습이 아주 잘 갖추어졌다. 비로소 아육왕은 시름이 없어지게 되었다.

불교가 시작된 곳이면서 불교 문화가 가장 찬란하게 발달한 인도도 못한 일을 신라가 해낸 거야. 신라가 부처의 나라, 불토국의 중심이라는 신라인의 소망과 자부심이 이 이야기에 담겨 있다고 봐도 될 것 같아.

황룡사 장륙존상 못지않게 중요한 보물은 황룡사 9층 목탑이야. 9층 목탑은 선덕 여왕 대에 만들었는데, 여기엔 이런 사연이 있어. 자장 법사가 문수보살을 만나러 중국에 갔다가 돌아오는 길이었어. 때마침 중국 태화지라는 못에서 신령님을 만났지.

"어찌하여 이 먼 곳까지 왔는가?"
신령님의 물음에 자장 법사가 대답했다.
"나라와 백성을 구할 불법을 얻기 위해서입니다."

그때만 해도 신라는 고구려, 백제, 말갈의 침입이 끊이지 않았어. 그래서 자장 법사가 중국까지 가서 나라와 백성을 구할 지혜를 찾으러 갔던 거야. 그러자 신령님은 왕이 여자이기 때문에 덕은 많지만 위엄이 없어 주변 국가들이 깔봐서 그런 거니 황룡사에 9층 탑을 세우라고 했어. 실제로 선덕 여왕이 처음 왕위에 올랐을 때 고구려, 백제는 물론이고, 신라 안에서도 여왕이라고 얕잡아 보는 분위기가 있었어.

황룡사의 호법룡(불법을 수호하는 용)은 바로 내 큰아들인데, 범왕(불법을 수호하는 신)의 명령을 받고 가서 절을 보호하고 있는 것이다. 본국으로 돌아가서 절 안에 9층 탑을 세우면 이웃 나라들이 항복하고 동방의 아홉 나라가 와서 조공(작은 나라가 큰 나라에게 때에 맞춰 바치는 물건)을 바치며, 왕 없이도 영원히 편안할 것이다. 그리고 탑을 세운 후 팔관회(불교 행사)를 열고 죄인을 풀어 주면 밖의 적이 해를 끼치지 못할 것이다.

자장 법사는 643년에 당나라 황제가 내려 준 불경과 불상, 보물을 갖고 신라로 돌아왔어. 그리고 신령님의 말대로 선덕 여왕에게 9층 탑을 세우는 게 좋겠다고 했어.

문제는 신라에 이렇게 큰 탑을 세울 기술자가 없다는 거였어. 선덕 여왕과 신하들은 고민하다가 비단과 보물을 들고 백제로 가서 도움을 구했어. 그렇게 해서 백제 최고의 기술자 '아비지'가 신라에 오게 된 거야.

백제 기술자 아비지가 명을 받고 와서 재목과 돌을 다듬고, 이간 용춘(용수, 태종 무열왕의 아버지)이 그 밑에 기술자 200명을 거느리고 일을 맡았다.

하지만 남의 나라에 와서 탑을 세우는 건 쉽지 않았어. 아비지는 한창 탑을 만들던 중에 이런 이상한 꿈까지 꿨다고 해.

처음 이 탑의 기둥을 세우던 날 아비지는 백제가 망하는 꿈을 꾸었다. 그래서 마음속으로 의심이 되어 손을 떼려 했다. 그러자 갑자기 대지가 진동하고 사방이 캄캄해지더니 한 노승과 장사가 금전문에서 나와 그 기둥을 세우고는 모두 사라져 버렸다. 아비지는 뉘우치고 탑을 완성했다.

여러 어려움 끝에 완성된 황룡사 9층 목탑은 그 높이가 60미터가 넘었어. 단순히 크고 높을 뿐만 아니라 중국과 인도의 불교 문화와 백제의 기술이 하나가 된 최고의 작품이라고들 해. 그리고 신령님의 예언처럼 탑을 세운 이후부터 전쟁이 일어나지 않았고 신라 백성들은 평안해졌어. 왜 신라의 불교가 나라를 수호하는 '호국 불교'인지 알겠지?

경덕 대왕이 754년에 황룡사의 종을 만들게 했는데 길이가 열 자 세 치고, 두께는 아홉 치며, 무게는 49만 7581근이었다.

황룡사에서 손꼽히는 또 하나의 보물은 황룡사 종이야. 길이가 4미터, 두께가 30센티미터, 무게는 300킬로그램이나 되는 엄청나게 큰 종이었어. 경덕왕 대에는 유명한 종을 두 개 만들었는데, 그중 하나가 황룡사 종이야. 그럼 나머지는 하나는 뭘까? 바로 에밀레종이라고 부르는 성덕 대왕 신종이야.

이처럼 신라 불교의 정신이 담긴 황룡사를 지금은 볼 수 없는 게 참 안타까워. 황룡사는 고려 고종 16년(1238년) 겨울에 몽골의 침입으로 절과 탑, 장륙존상과 전각이 모두 불타고 말았어. 지금은 절터의 흔적으로 그 크기만 짐작할 뿐이지.

🏵 불교가 흥성할 곳, 오대산 월정사

강원도 오대산 월정사는 일연 스님과 인연이 깊은 곳이야. 일연 스님은 수행을 위해서 우리나라의 여러 산을 여행했는데, 오대산 월정사도 그중 한 곳이야. 일연 스님은 열네 살에 월정사에 와서 스물두 살 때까지 머물렀다고 해.

오대산 월정사는 《조선왕조실록》 등 귀중한 역사책을 보관하던 곳이기도 해. 여러 번 불이 나서 큰 위기를 맞기도 했지만 지금도 불교의 성지로 꼽히는 큰 절이란다. 하지만 월정사도 처음부터 큰 절은 아니었어. 지금부터 월정사가 지어진 때 이야기를 해 볼게.

월정사는 선덕 여왕 대에 자장 법사가 처음 세웠어. 자장 법사는 중국 유학을 마치고 돌아와 오대산에 작은 초가를 지었지. 이에 대해 《삼국유사》는 이렇게 적고 있어.

> 월정사는 자장이 처음 띠(풀)를 엮어 지었고, 그 다음에는 신효 거사가 와 살았으며, 그 다음에는 범일의 제자 신의가 와서 암자를 짓고 살았다.

자장 법사가 지은 초가에는 여러 승려들이 와서 살았어. 그중 신효 거사는 효성이 아주 지극했다고 해. 정성을 다해 어머니를 모셨는데, 안타깝게도 어머니는 고기 없이는 식사를 하지 않았어.

> 어머니가 고기가 아니면 밥을 먹지 않았으므로, 거사는 고기를 구하기 위해 산과 들을 돌아다니다 길에서 학 다섯 마리를 보고 쏘았는데 그중 한 마리가 깃털 하나를 떨어뜨리고 날아갔다.

신효 거사는 학의 깃털을 주워 눈을 가리고 세상을 보았어. 그러자 세상의 모든 사람들이 다 짐승으로 보이는 거야! 이러니 고기를 구할 수가 있겠어? 어쩔 수 없이 빈손으로 돌아온 신효는 고기 대신 자기 허벅지 살을 잘라 드렸다고 해. 끔찍하다고? 그만큼 신효의 효심이 깊다는 뜻으로 이해하면 될 것 같아.

이 일이 있은 후 깨달음을 얻은 신효는 집을 떠나 절을 짓고 스님이 되었어. 신효 거사가 오대산으로 가기 위해 경주에서 출발해 강릉쯤 왔을 때, 학 깃털로 눈을 가리고 다시 사람들을 봤어. 어떻게 됐을까? 다시 《삼국유사》를 읽어 보자.

> 경주에서 하솔(강릉)까지 이르면서 깃털로 눈을 가리고 사람들을 보았더니 대부분 사람의 모습으로 보였다. 그래서 이곳에서 살려고 마음먹었다. 길을 가다가 나이 많은 아낙을 만났길래 살 만한 곳을 물어보니 아낙이 대답했다.

"서쪽 고개 넘어 북쪽으로 향한 골짜기가 있는데 살 만합니다."

나이 많은 아주머니가 알려 준 곳은 지장 법사가 살던 초가집이었어. 신효 거사는 이 집에 살면서 수행했어. 그렇다면 깃털은 뭘 말하는 걸까? 깃털은 가사, 즉 스님들이 입는 옷이었어. 깃털이 옷인지 어떻게 알았냐고? 《삼국유사》를 다시 보자.

> 갑자기 승려 다섯 명이 신효 거사를 찾아와 말했다.
> "당신이 가지고 온 가사 한 폭은 지금 어디 있습니까?"
> 거사는 어떻게 대답해야 할지 몰랐다. 그러자 승려가 말했다.
> "당신이 주워 사람들을 본 그 깃털이 바로 그 가사입니다."

학의 깃털은 스님들이 입은 옷으로, 신효 거사를 깨달음의 길로 인도했던 거야.

신효 거사 다음으로 자장 법사의 초가집에 온 사람은 승려 신의야. 신의는 이곳에 살면서 암자를 짓고 탑도 세웠어. 지금과 같은 월정사를 완성한 사람이 신의 스님이었지. 《삼국유사》에서는 오대산 월정사에 대해 이렇게 기록을 남겼어.

> 신효 거사 다음에는 범일의 제자 신의가 와서 암자를 짓고 살았다. 뒤에 승려 유연이 와서 살게 되면서 점점 큰 절이 되었다. 절의 다섯 승려와 9층 석탑은 모두 깨달음을 얻은 스님들의 자취다. 지관(집이

나 묘지 터를 보는 사람)이 이렇게 말했다.

"국내 명산 가운데 이곳이 가장 좋으니 불교가 오랫동안 흥성할 곳이다."

🌸 효자 김대성, 불국사와 석굴암을 짓다

경주를 여행할 때 꼭 가 보는 곳은 어디야? 다들 불국사와 석굴암이라고 하겠지? 너무나 유명한 곳이라 불국사와 석굴암을 만든 사람이 김대성이라는 것도 잘 알고 있을 거야.

김대성은 경덕왕 대에 불국사를 짓기 시작했어. 그가 불국사와 석굴암을 세운 이야기는 《삼국유사》 권9 효선 편에 나와 있지. 그런데 신라에서 손꼽히는 사찰인 불국사에 얽힌 이야기가 '탑상' 편이 아닌 '효선' 편에 실려 있는 이유는 뭘까? 일연 스님은 불국사, 석굴암 그 자체보다 두 곳을 세운 김대성의 마음, 즉 부모님에 대한 효심에 초점을 맞추고 있기 때문이야.

모량리에 사는 여인 경조는 아들을 하나 두었어. 머리가 크고 정수리가 평평한 성 같다고 해서 아이의 이름을 '대성'이라고 지었어. 대성의 집은 너무 가난했어. 그래서 부잣집 하인으로 일하며 그 집에서 내려 준 작은 밭을 일구며 살았어.

어느 날 흥륜사에서 큰 법회를 준비하던 승려 점개가 이 부잣집에 찾아와 베 50필을 받아 갔어. 점개는 고마워하며 한마디 했어. 이 집은 좋은 일 하나를 했으니 이제 만 배로 돌려받을 것이고 대대손손 잘살 거라고 말이야. 밖에서 점개의 말을 들은 대성은 곧장 집으로 달려갔어.

"어머니, 제가 문밖에서 스님의 염불 소리를 들었어요. 한 가지를 베풀면 만 배를 얻는다고 합니다. 저는 전생에 좋은 일을 한 것이 없어 지금 이렇게 가난한가 봐요. 그러니 지금이라도 절에 뭔가를 바쳐서 베풀지 않는다면 다음 생에는 더 가난해질 거예요. 저희가 가진 작은 밭을 법회에 바쳐서 다음 세상을 약속하는 게 어떨까요?"

대성의 말에 어머니는 밭을 점개에게 주었어. 그런데 얼마 후 대성은 세상을 떠나고 말았어. 그리고 대성이 죽던 날 이상한 일이 일어났지. 무슨 일인지 《삼국유사》를 계속 읽어 보자.

그날 밤 재상 김문량 집에 하늘의 외침이 들렸다.
"모량리에 살던 대성이란 아이가 네 집에 태어날 것이다."
집안 사람들이 모두 놀라 사람을 시켜 조사해 보았다. 정말 모량리의 대성이 죽은 날과 하늘의 외침이 있었던 날이 같았다. 그 뒤에 김문량의 아내가 임신해 아이를 낳았는데, 왼손을 꼭 쥐고 펴지 않았다. 아이는 7일 만에 주먹을 폈는데 손바닥에 '대성'이라는 글자가 새겨진 금패를 쥐고 있었으므로, 아이 이름을 대성으로 지었다. 그리고 모량리의 어머니를 모셔와 함께 돌보았다.

대성은 재상의 아들로 다시 태어나고 어머니도 좋은 집에서 살게 됐으니 점개의 말은 사실이었던 것 같아. 이제 오래 잘 살 일만 남은 것 같았어. 하지만 청년이 된 대성에게 무서운 일이 일어났어. 대성이 토함산에서 곰 한 마리를 사냥하고 산 아래 마을에 묵을 때였어. 꿈에 귀신으로 변한 곰이 나타나 대성에게 대들었던 거야.

"너는 어찌하여 나를 죽였느냐? 내가 너를 잡아먹으리라!"
대성이 두려움에 떨며 용서를 빌자 귀신이 말했어.
"그럼 나를 위해서 절을 세워 주겠느냐?"
대성은 그렇게 하겠다고 맹세하고 꿈에서 깨어났다.

꿈에서 깨어난 대성은 자신의 잘못을 크게 깨닫고 곰을 잡았던 그 자리에 '장수사'라는 절을 세웠어. 이 일은 김대성에게 큰 깨달음을 주었어. 김대성은 그때 얻은 자비로운 마음으로 불국사와 석굴암을 짓게 되었지.

이로 인해 대성은 이승의 부모를 위해 불국사를 세우고, 전생의 부모를 위해 석불사(석굴암)를 세워 신림과 표훈 대사에게 절에 머물도록 부탁했다. 대성은 아름답고 큰 불상을 세워 길러 주신 부모의 노고에 보답했으니, 한 몸으로 전생과 현생의 두 부모에게 효도한 것이다.

그러니까 불국사는 현재의 부모인 김문량 부부를 위해 세웠고, 석굴암은 전생의 부모인 모량리에 사는 가난한 어머니를 위해 만든 거야. 그래서일까? 불국사와 석굴암에 얽힌 신비로운 일이 많았는데, 절을 다 짓고 나서도 놀라운 일들이 계속 이어졌지. 그 과정이《삼국유사》에는 이렇게 기록돼 있어.

> 대성이 불상을 조각하려고 큰 돌 하나를 다듬어 석굴암 안의 감실을 만드는데 갑자기 돌이 세 조각으로 쪼개졌다. 대성이 분통해하다가 얼핏 잠이 들었는데, 밤중에 하늘 신이 내려와 감실을 다 만들어 놓고 돌아갔다. 그래서 대성은 잠에서 깨어나자 급히 남쪽 고개로 올라가 향나무를 태워 하늘 신에게 공양을 올렸다. 그래서 그곳을 향고개라고 한다.

불국사와 석굴암은 유네스코 세계 문화유산에도 등재되어 있지. 누가 봐도 감탄할 만큼 아름답고 멋진 우리의 문화재야. 전생과 현재의 부모님 모두를 위한 김대성의 마음이 담겨 있기 때문에 이처럼 대단한 예술품이 만들어진 게 아닐까? 일연 스님도 그 아름다움에 감탄해 '경주의 여러 사찰 중에서 이보다 더 뛰어난 것은 없다.'라고《삼국유사》에 기록했단다.

자유로운 원효와 화엄을 전한 의상

원효 대사가 의상 대사와 함께 중국 유학을 가던 길이었지. 바다를 건너려고 하던 중 큰 비가 쏟아져 길가 토굴에서 하룻밤을 묵었어. 원효는 한밤중 목이 말라 옆에 있던 바가지로 물을 떠 먹었는데, 아침에 보니 그 바가지는 해골이었어. 이때 원효는 큰 깨달음을 얻어 중국 유학을 포기하고 돌아갔고, 의상만 홀로 중국으로 갔어.

사실 이 이야기는 《삼국유사》에는 나오지 않아. 두 스님이 함께 유학을 떠났다는 것만 소개되어 있어. 해골 물 이야기는 중국의 불교서 《송고승전》 중 의상 대사의 전기에서 읽을 수 있어.

원효와 의상은 같은 시대에 살면서 우리나라를 대표하는 승려가 됐지만 두 사람은 달라도 너무 달라. 성격도 다르고, 불교를 공부하고 사람들에게 가르침을 주는 방법도 달랐어. 구체적으로 어떻게 다른 걸까? 《삼국유사》에 나와 있는 원효와 의상 이야기를 하나씩 따라가며 비교해 보도록 할게.

《삼국유사》에서 의상 편의 제목은 '의상이 화엄을 전하다'이고, 원효 편은 '원효는 얽매이지 않는다'야. 제목만 봐도 다른 게 느껴지지? 먼저 원효의 이야기부터 보자.

원효는 어릴 때부터 총명하고 특이했어. 스승 없이 혼자 공부했는데도 학문이 넓고 깊었어. 그런데 원효는 여느 큰스님들과 달리 굉장히 자유로운 사람이었어. 보통 사람들의 생각에서 벗어난 행동을 많이 보여 주었지. 그중 하나는 요석 공주와 결혼해 설총을 낳은 일이야.

대사가 어느 날 일찍이 상식과 예의를 벗어난 행동을 하며 거리에서 노래를 불렀다.
"그 누가 내게 자루 없는 도끼를 주려는가. 내가 하늘을 떠받칠 기둥을 찍어 보련다."

거리에서 노래 부르는 큰스님, 상상이 가? 하지만 원효는 거칠 것이 없었어. 남들이 알아주든 말든 엉뚱한 말과 행동을 하곤 했지. 대부분의 사람들은 그를 이상히 여겼지만 그의 깊은 뜻을 알아주는 사람도 있었어. 바로 태종 무열왕이야. 무열왕은 자루 없는 도끼니, 하늘을 떠받칠 기둥이니 하는 원효의 알쏭달쏭한 말을 바로 알아챘어. 원효가 귀한 부인을 얻어 어진 아들을 낳고 싶어 한다는 걸 말이지. 무열왕은 마침 요석궁에 과부가 된 공주와 맺어 주기로 했어. 그래서 원효에게 관리를 보냈지.

원효는 관리를 만나자 일부러 물속에 빠져 옷을 적셨다. 관리는 원효를 요석궁으로 인도하여 옷을 말리고 그곳에 머물다 가게 했다. 얼마 후 공주는 태기가 있어 아들 설총을 낳았다. 설총은 태어나면서부터 지혜롭고 영민하여 경서와 역사책에 널리 통달했으니, 신라의 10현 중 한 사람이다.

설총은 글도 잘 쓰고 그림도 잘 그렸어. 벽에 소나무를 그렸는데 참새들이 진짜 나무인 줄 알고 찾아왔다는 이야기도 있잖아? 뿐만 아니라 설총은 '이두 문자'를 정리해서 사용하도록 했어. 이두는 한자의 음과 뜻을 빌려 우리말을 적던 글자를 말해. 무열왕 말처럼 원효와 요석 공주의 결혼은 나라에도 좋은 일이긴 했어.

이처럼 불교의 계율을 어기고 요석 공주와 결혼해 설총을 낳은 뒤부터 원효는 스님이 아닌 보통 사람처럼 옷을 입고 스스로를 '소성 거사'라 불렀어. 그리고 기이한 행동으로 세상을 떠들썩하게 했지. 한번은 이런 일도 있었어. 우연히 광대들이 갖고 노는 커다란 박을 얻은 원효는 화엄경의 말씀을 노래로 만들어 세상에 퍼트렸어.

일찍이 원효는 이것을 지니고 여러 마을을 돌아다니면서 노래하고 춤을 추며 교화시키고 읊다가 돌아왔다. 그래서 뽕나무 농사짓는 늙은이와 옹기장이, 무지몽매한 무리에게도 모두 부처님의 이름을 알리고 나무아미타불을 부르게 했으니, 원효의 가르침이 컸다고 하겠다.

원효는 어려운 불법을 쉽게 풀어 일반 백성들이 스스로 즐기며 알 수 있게 만든 거야. 원효는 아무것에도 얽매이지 않으며 부처의 가르침을 세상에 널리 알렸어. 그렇게 파란만장한 일생을 보낸 원효도 나이가 들어서는 경주 분황사에 머물며 공부하고 책을 썼어. 그리고 분황사에서 조용히 눈을 감았어.

그가 입적하자 설총이 유해를 잘게 부수어 얼굴 모양의 소상(흙으로 빚은 조각)을 빚어 분황사에 모시고, 공경하고 사모하여 슬픔의

뜻을 표했다. 그때 설총이 옆에서 예를 올리자 소상이 갑자기 돌아보았는데, 지금까지도 돌아본 채 그대로 있다.

원효가 자유로운 영혼의 스님이라면 의상은 그 반대야. 그는 신라의 귀족이었고, 당시 엘리트 코스를 착착 밟아 큰스님이 되었어. 스물아홉 살에 경주 황복사에서 머리를 깎고 승려가 된 의상은 열심히 공부해서 당나라로 유학을 갔지. 원효와 함께 유학길에 올랐지만 혼자 중국에 유학을 간 뒤로 당나라의 수도 장안에 있는 지상사에서 공부를 시작했어. 지상사의 스승으로 모셨던 지엄 스님은 의상이 중국에 오기도 전에 의상의 꿈을 꾸었다고 해.

지엄은 전날 저녁 꿈에 큰 나무 한 그루가 해동(신라)에서 생겨나 가지와 잎이 널리 우거지고 그늘이 생겨 중국까지 와서 덮었다. 나무 위에는 봉황의 둥지가 있었는데 올라가 보니 마니보주가 하나 있어 빛이 멀리까지 뻗치고 있었다. 꿈에서 깨어나 이상하게 여기며 청소하고 기다리는데 의상이 왔다.

'마니보주'는 여의주를 말하는데, 첫눈에 바로 알아본다는 뜻을 가지고 있어. 지엄 스님은 의상을 바로 알아보고 화엄을 가르쳤어. 하지만 이미 의상은 스승을 뛰어넘는 경지에 올랐다고 해.

676년에 의상은 태백산으로 가서 부석사를 세우고 불교의 깊은 뜻을 세상에 널리 알렸어. 의상의 학문은 중국에서도 알아줄 정도로 높고 대단했대. 그리고 의상은 삼국 통일 이후 불교의 진리를 세상에 알리는 데에 더욱 집중했어. 그래서 전국 곳곳에 절도 많이 지었지. 모두 열 곳이나 돼.

의상은 열 곳의 사찰에다 가르침을 전했다. 태백산의 부석사, 원주의 비마라사, 가야산의 해인사, 비슬산의 옥천사, 금정산의 범어사, 지리산의 화엄사 등이 그곳이다.

봐, 다 유서 깊은 절들이잖아. 뿐만 아니라 의상은 중생을 구제하는 법이 실린 책도 많이 썼어. 사람들은 이 책을 읽고 소중히 간직하면서 의상을 부처라고 불렀어. 그만큼 제자도 많았어. 오진, 지통, 표훈 등과 함께 수행하고 불법을 가르쳤다고 해. 그중 이런 이야기도 있어.

의상이 황복사에 머물러 제자들과 함께 탑돌이를 할 때 항상 허공을 딛고 올라가 계단을 밟지 않았기 때문에 그 탑에는 돌 사다리를 설치하지 않았다. 제자들이 계단에서 세 자나 떨어져 공중을 밟고 돌았는데 의상은 그것을 돌아다보면서 말했다.
"세상 사람들이 이것을 보면 반드시 괴이하게 여길 것이므로 세상에는 가르칠 수 없다."

탑돌이는 초파일이면 절에서 밤새 탑 주변을 돌며 부처님의 공덕을 기리는 일이야. 그 탑돌이를 하며 땅에 발을 딛지 않고 허공을 디디는 스님들의 모습을 상상해 봐. 정말 그랬을까? 그보다는 의상과 그 제자들의 공덕이 그만큼 높다는 말이겠지?

자, 어때? 원효와 의상은 모두 신라 최고의 스님이지만 참 많이 다른 것 같지? 의상은 스스로에게 엄격했고 감정에 휘둘리지 않고 고요히 수행했어. 원효는 감성적이지만 거리로 나아가 세상 곳곳에 있는 부처를 만나면서 깨달음을 얻었지. 각자의 방식대로 신라 불교를 최고 수준으로 끌어올린 거야. 너희는 어느 쪽이 더 마음에 들어? 나와 비슷한 성격은 원효와 의상 중 어느 쪽일까?

낙산사와 얽힌 인연

강원도 양양의 낙산사는 동해 바다를 바라보는 아름다운 절이야. 《삼국유사》 탑상 편에는 낙산사에 얽힌 네 가지 이야기가 소개돼 있어. 그중 원효 대사와 의상 대사에 얽힌 이야기를 소개하려고 해. 먼저 의상 대사가 낙산사를 세웠던 이야기야.

의상은 당나라 유학을 마치고 돌아와 동해 바닷가 동굴에 머물렀어. 관음보살이 이 동굴 안에 있다고 들었기 때문이지. 의상은 정성을 다해 기도하고 재를 올렸어. 7일 후 의상의 정성에 감동한 부처님의 시종들과 동해의 용이 나타나 수정 염주와 여의주를 주고 사라졌어. 의상은 여기서 멈추지 않고 7일 동안 더 재를 올렸어. 그러자 관음보살이 진짜 모습을 드러내고는 이렇게 말했어.

"네가 앉은 산꼭대기에 대나무 한 쌍이 솟아날 것이다. 반드시 그곳에 불전(부처를 모신 건물)을 지어야 한다."

의상이 동굴에서 나오자 정말 땅에서 대나무가 솟아났어. 의상은 그곳에 절을 짓고 불상을 모셨어. 그랬더니 대나무가 사라지고 관음보살의 진신(부처의 진실한 몸)이 머무는 곳임을 알게 됐어. 의상은 이 절의 이름을 낙산사라고 짓고, 자기가 받은 구슬 두 개를 불전에 모시고 떠났어.

의상 대사 다음으로 낙산사에 관음보살을 만나러 온 사람은 원효 대사야. 의상이 점잖은 모범생이라면 원효는 장난기 많고 어디로 튈지 모르는 명랑 쾌활한 성격이었어. 그래서일까? 원효는 낙산사 가던 중에도 한눈을 팔고 딴청을 피웠어.

남쪽 주변에 이르자 흰옷을 입은 여인이 벼를 베고 있었다. 원효는 장난삼아 그 벼를 달라고 하자, 여인도 장난조로 벼가 잘 영글지 않았다고 대답했다. 또 가다가 다리 아래에 도착하니 여인이 속옷을 빨고 있었다. 법사가 물을 달라고 부탁하니 여인의 그 더러운 물을 떠 바쳤다.

빨래하던 더러운 물을 떠서 먹으라니, 너희들이면 어떻게 했을 것 같아? 원효는 또 어떻게 했을까?

원효는 그 물을 쏟아 버리고 다시 물을 떠서 마셨다. 그때 들 가운데 있는 소나무 위에서 파랑새 한 마리가 원효를 불러 말했다.
"잘난 스님은 그만두시오."

원효는 깜짝 놀랐어. 새가 말을 하다니! 이게 무슨 일인가 싶어 사방을 둘러봤지. 이미 파랑새는 사라져 보이지 않고 소나무 아래에는 신발 한 짝이 놓여 있었어. 이상하게 생각했지만 원효는 다시 낙산사로 향했어. 절에 도착하자 원효에게 어떤 일이 벌어졌을까?

원효 법사가 절에 도착하고 보니 관음보살의 자리 아래에 앞서 보았던 신발의 나머지 한 짝이 있었으므로 아까 만났던 여인이 관음보살의 진짜 모습임을 깨달았다. 또 원효 법사가 성굴에 들어가 관음보살의 모습을 보려고 했으나 풍랑이 크게 일어 들어가지 못하고 그대로 떠났다.

원효가 절에 도착해 가장 먼저 발견한 건 신발이었어. 바로 소나무 아래에 놓여 있던 신발의 나머지 한 짝이 거기에 놓여 있었던 거야. 아차! 아까 그 여인이 관음보살이었구나. 그제야 원효는 깨달았어. 그래서 동굴 속으로 들어가 관음보살의 진신을 보려고 했는데, 아니 이건 또 웬일이지? 이번엔 풍랑이 일어난 거야. 그래서 동굴 안에는 들어가지도 못하고 돌아갈 수밖에 없었지. 자, 그렇다면 원효는 관음보살을 만난 걸까, 만나지 못한 걸까? 못 봤다고도 할 수 없지만 만났다고 말하기도 좀 부족한 것 같아.

설화, 신비로운 이야기

《삼국유사》에는 《삼국사기》와 달리 아주 오래전 우리 조상들의 삶과 생각, 풍속과 문화를 보여 주는 이야기들이 실려 있어. 신기하고 놀라우면서도 감동적인 이야기들이 많지. 지금부터는 《삼국유사》에서만 볼 수 있는 이야기를 통해 삼국 시대 사람들의 삶을 엿보려고 해.

연오랑과 세오녀

신라 8대 아달라왕이 왕위에 오른 지 4년째 되던 해였어. 동해 바닷가에 연오랑과 세오녀 부부가 살고 있었는데, 어느 날 깜짝 놀랄 일이 일어나고 말았어.

어느 날 연오랑이 바닷가에서 해조를 따고 있던 중 갑자기 바위 하나가 연오랑을 태우고 일본으로 가 버렸다. 일본 사람들이 연오랑을 보고 "이 사람은 보통 사람이 아니다."라고 말했다. 그리하여 그들의 왕으로 삼았다.

남편이 갑자기 사라지자 세오녀는 남편을 찾아다녔어. 그러다 바닷가에서 남편의 신발을 발견해. 세오녀는 놀라 신발을 들고 바다를 바라봤겠지? 그때 또 놀라운 일이 벌어졌어.

신발이 있는 바위에 올라가자 바위는 다시 세오녀를 태우고 일본으로 갔다. 일본 사람들이 이를 보고 놀라서 왕께 아뢰고 세오녀를 왕에게 바쳤다. 이렇게 부부가 다시 만나고 세오녀는 귀비가 되었다.

헤어졌던 부부가 다시 만났으니 얼마나 다행이야! 하지만 이 두 사람이 일본으로 가 버리고 나자 신라에는 해와 달의 빛이 사라져 버렸어. 신라에서는 하늘의 일을 담당하는 관리가 왕에게 "우리나라에 내려와 있던 해와 달의 정기가 일본으로 가 버려 이런 이상한 일이 일어났습니다."라고 아뢰었어. 해와 달이 없으면 사람들이 어떻게 살 수 있겠어? 왕은 바로 일본에 사신을 보내 연오랑과 세오녀에게 얼른 돌아오라고 했어.

연오랑은 난처했어. 왜냐면 부부가 돌아가면 일본에도 빛이 없어질 테니까. 그래서 연오랑은 이렇게 결정했어.

"내가 이 나라에 온 것은 하늘이 시킨 일이니 어찌 지금 돌아갈 수 있겠습니까? 하지만 나의 왕비가 짠 고운 비단이 있으니 이것을 가지고 하늘에 제사를 지내면 될 것입니다."
연오랑은 신라의 사신에게 그 비단을 주었다. 사신이 돌아와 임금께 아뢰고 그 말대로 제사를 지냈더니 해와 달이 그 전과 같이 빛을 찾았다.

결국 신라와 일본 모두 해와 달의 빛을 지니게 되었으니, 이 이야기는 행복한 결말을 맞이해. 아마도 연오랑과 세오녀는 해와 달의 정령이 아니었을까 싶어. 그들이 제사를 지내는 무당이었을 거라고 말하는 사람도 있어.

연오랑과 세오녀 이야기는 신라와 일본의 관계를 알려 주는 자료로 보기도 해. 일본에도 이 이야기와 비슷한 신화들이 있거든. 《고지키》라는 일본 역사책에는 신라인 부부가 일본으로 건너왔다는 이야기가 쓰여 있어. 늪가에 잠자던 여인이 햇빛을 받아 낳은 구슬을 신라의 왕자가 가져갔는데, 이 구슬이 여인으로 변하자 아내로 삼았다고 해. 하지만 왕자가 아내를 구박하자 아내는 일본으로 가 버렸고 왕자 또한 아내를 찾아 일본으로 건너갔다는 이야기야. 어때? 연오랑과 세오녀 이야기와 비슷한 것 같아?

또 일본을 세운 태양신 아마테라스의 이야기와 비슷하다는 의견도 있어. 아마테라스가 폭풍의 신인 동생과 싸우다가 제멋대로인 포악한 동생을 피해 동굴로 들어가 버렸어. 그랬더니 세상이 캄캄해졌고 여러 신이 모여 굿을 해서 다시 빛을 되찾았다는 이야기가 있거든.

이렇게 나라마다 오래된 신화는 비슷한 점들이 있어. 너희들은 어떻게 생각해? 연오랑과 세오녀는 무엇을 상징하는 걸까? 상상력을 발휘해서 그 뒷이야기를 지어 보는 것도 재미있겠지?

정월 대보름과 서출지

설날로부터 15일째 되는 날을 정월 대보름이라고 해. 정월은 음력으로 '한 해의 첫 달'이라는 뜻이고, 대보름은 보름달이 뜨는 날 중에서 가장 의미가 크다고 해서 큰 보름, 대보름이라고 불러. 음력 1월 15일인 정월 대보름은 설날 못지않게 큰 명절이야. 그렇다면 정월 대보름은 언제 어떻게 시작된 명절일까? 《삼국유사》에 정월 대보름에 관한 이야기가 있어. 함께 읽어 볼까?

신라 21대 비처왕이 즉위한 지 10년 되던 해에 왕이 경주 남산의 천천정에 행차했다. 그때 갑자기 까마귀와 쥐가 나타나 울더니 쥐가 사람 말을 했다.
"이 까마귀가 가는 곳을 찾아가라."

쥐가 말을 하다니! 놀란 왕은 말을 탄 병사에게 까마귀를 쫓아가라고 명령했어. 까마귀를 쫓던 병사는 길 위에서 돼지 두 마리가 싸우는 걸 봤어. 그걸 보다가 그만 까마귀를 놓쳐 버렸지.

그때 한 노인이 연못에서 나타나 편지를 줬는데, 편지 봉투에 이런 내용이 쓰여 있었어.

'이 편지를 열어 보면 두 사람이 죽을 것이고, 열어 보지 않으면 한 사람이 죽을 것이다.'
이 편지를 왕에게 바쳤다. 그러자 왕이 말했다.
"두 사람이 죽는 것보다는 차라리 열어 보지 않고 한 사람이 죽는 것이 낫겠다."
그러자 일관이 아뢰었다.
"두 사람이란 서민을 말하는 것이고, 한 사람이란 왕을 말하는 것입니다."

왕은 무척 놀랐어. 편지를 열어 보지 않으면 자신이 죽을 거라고 하니 말이야. 그래서 편지를 조심스럽게 열어 봤어. 편지에는 '활로 사금갑(거문고를 넣어 두는 상자)을 쏘라.'고 쓰여 있었어.

편지를 이상하게 여긴 왕은 당장 궁으로 돌아가 활을 당겨 사금갑을 향해 쏘았어. 그랬더니 어떤 일이 일어났는지 알아? 화살이 꽂힌 사금갑에서 피가 흘러나왔어. 사금갑 안에는 거문고가 아닌 사람이 있었지. 궁내전에서 향을 피우고 불교 행사를 하던 묘심이라는 승려와 선혜 왕비가 함께 있었던 거야. 알고 보니 두 사람은 왕 몰래 서로 정을 통하고 왕을 해코지 할 계략을 꾸미고 있었다고 해. 왕은 묘심과 선혜 왕비를 바로 사형에 처했어.

왕은 자신의 목숨을 구해 준 신비로운 힘에 감사하며 이날을 기념하기 시작했어. 이날이 정월 대보름의 시작이야. 《삼국유사》에서 그 대목을 읽어 보자.

이 일을 시작으로 나라에 풍습이 생겨 해마다 상해, 상자, 상오일에는 모든 일을 조심하고 함부로 행동하지 않았다. 그리고 1월 15일을 오기일(까마귀의 제삿날)이라 하여 찰밥으로 제사 지냈는데, 이 풍속은 지금까지도 전해지고 있다. 신라 말로는 이날을 달도라고 한다. 달도는 슬퍼하고 근심스러워서 모든 일을 금하고 꺼린다는 뜻을 가지고 있다.

상해, 상자, 상오는 모두 1월의 여러 날을 가리켜. 한 해의 시작인 1월

동안에는 모두 말과 행동을 조심하라고 하는 거야. 까마귀의 제삿날이라 하여 15일에 찰밥을 먹는 풍속도 이때부터 시작되었다고 해. 정월 대보름의 역사, 정말 오래전이지? 이렇게 오래된 풍습을 아직도 이어 가고 있다는 게 참 대단해.

한편, 편지를 준 노인이 나왔던 연못을 이때부터 서출지라고 불렀어. 서출지는 '나라를 이롭게 한 글이 나온 연못'이라는 뜻이라고 해. 신라 시대부터 있던 서출지는 지금도 경주 남산동에 위치해 있어.

🌸 아름다운 도화랑과 귀신 잡는 비형랑

이번 이야기는 신라 25대 진지왕의 신비로운 이야기야. 진지왕은 왕이 된 지 4년 만에 왕위에서 쫓겨났어.《삼국유사》에는 나라를 다스리는 일은 뒷전이고 여자만 밝혀서 쫓겨났다고 쓰여 있지. 과연 진지왕에게 어떤 일이 있었던 걸까?《삼국유사》기이 1편에 담긴, '도화랑와 비형랑' 이야기를 읽어 보면 알 수 있어.

여인의 얼굴이 매우 아름다워서 사람들이 도화랑(복사꽃처럼 예쁜 여인)이라고 불렀다. 왕이 이 소문을 듣고 궁중에 불러와 욕심을 채우려 하니 여자가 말했다.
"여자가 지켜야 하는 일은 두 남편을 섬기지 않는 것입니다. 남편이 있으면 다른 사람에게 시집가는 것은 황제의 위엄으로도 마음대로 하지 못할 것입니다."

아름다운 도화랑이 왕을 거절하자 왕이 도화랑을 죽일 수도 있다고 협박했어. 그래도 도화랑은 죽을지언정 다른 남자를 따를 수 없다고 말했어. 왕은 장난기가 발동해 그렇다면 남편만 없으면 괜찮으냐고 물었어. 도화랑이 고개를 끄덕이자 왕은 여인을 집으로 돌려보냈어.

이 일이 있고 얼마 뒤에 진지왕은 폐위되어 죽었어. 2년 뒤에 도화랑의 남편 역시 죽고 말았지. 그런데 열흘 뒤에 도화랑 앞에 이상한 일이 일어났어.

왕이 살아 있을 때와 똑같은 모습으로 여인의 방에 와서 말했다.
"네가 지난번 약속한 대로 이제 네 남편이 죽었으니 허락할 수 있겠느냐?"

이제 남편이 없으니 나를 허락하라는 왕의 말에 도화랑은 망설였어. 하지만 이전에 말한 것이 있어서 왕을 거절하지 못했어. 결국 도화랑은 부모의 허락을 받고 왕을 방에 들였지.

왕은 방에 7일 동안 머물러 있었는데 늘 오색구름이 집을 덮었고 향기가 방 안에 가득했다. 그러고는 7일이 지나자 홀연히 왕의 자취가 사라졌다. 여자는 이 일로 인해 태기가 있었다. 달이 차서 해산을 하려 하는데 천지가 진동하면서 사내아이를 낳았으니, 이름을 비형이라 했다.

진평왕이 이 소문을 듣고는 아이를 궁으로 데려왔어. 어쨌든 진지왕의 아들이니 궁에서 길러야 한다고 생각했나 봐. 아이가 열다섯 살이 되자 집사라는 벼슬을 주기도 했지. 그런데 태어날 때부터 평범하지 않았던 비형은 밤마다 궁을 빠져나가 사방을 돌아다녔어.

비형은 매일 밤마다 멀리 나가 놀았다. 왕이 용사 50명에게 지키게 했지만 매번 월성을 날아 넘어서 서쪽 황천 언덕 위에 가서 귀신들을 거느리고 놀았다. 병사들이 숲속에 숨어 엿보았더니 귀신들은 여러 절에서 울리는 새벽 종소리를 듣고는 각각 흩어졌고 비형랑도 돌아오는 것이었다.

병사들의 말을 전해 들은 왕은 비형을 불렀어. 귀신 무리를 이끌고 노는 게 맞느냐고 물었지. 비형이 그렇다고 대답하자, 왕이 비형의 능력을 보고 싶었던지 일거리를 줬어.

"그렇다면 네가 귀신들을 시켜 신원사 북쪽 개천에 다리를 놓거라."
비형은 왕명을 받들고 귀신들을 시켜서 돌을 다듬어 하룻밤 만에 큰 다리를 완성했다. 그래서 그 다리를 귀교(귀신 다리)라고 한다.

비형이 하룻밤에 뚝딱 다리를 놓자 왕은 귀신들 중에 인간을 도울 만한 자를 추천해 달라고 했어. 비형은 왕에게 '길달'을 추천해 줬는데, 집사가 된 길달은 정직하고 충성스럽게 왕을 모셨어. 하지만 길달은 인간 세상에 완전히 적응하지 못했던 것 같아.

하루는 길달이 여우로 변해서 도망가자 비형이 귀신들을 시켜 그를 잡아 죽였다. 귀신들이 비형의 이름만 들어도 두려워서 달아났다.

비형은 귀신들을 시켜 사람이 못할 일을 거뜬히 해내는가 하면, 말을 듣지 않은 귀신을 죽일 수도 있는 능력자였어. 그래서 사람들은 비형랑을 주인공으로 한 글을 지어서 귀신을 쫓는 데에 사용했다고 해. 그 글은

다음과 같아.

> 성스러운 제왕의 혼령이 아들을 낳았으니
> 비형랑의 집이 이곳이라네.
> 날고 뛰는 온갖 귀신들아
> 이곳에 머물지 말지어다.

비형랑은 죽은 왕의 영혼과 인간 사이에 태어난 신비한 인물이었어. 후세 사람들은 그가 무당이었다고 말하기도 해. 또 4년 만에 왕위에서 쫓겨난 진지왕을 불쌍히 여겨 사람들이 만들어 낸 이야기라고도 해. 어쩌면 진지왕의 손자가 왕위에 올라 삼국 통일을 이루면서 이 이야기는 더욱 사람들의 입을 거쳐 오래도록 이어져 왔는지도 몰라. 진지왕의 손자는 바로 태종 무열왕이거든.

밤에 찾아오는 역신을 막은 처용

통일 신라 헌강왕 대에는 신라가 혼란에 휩싸이기 시작하던 시기야. 하지만 아버지 경문왕이 애쓴 덕에 헌강왕이 막 왕위에 올랐을 때에는 신라가 잠시나마 안정을 되찾았던 것 같아. 그래서 헌강왕 때에 있었던 이야기인 기이 2편의 '처용과 망해사'는 태평성대를 누리고 있는 경주의 모습에서 시작해.

이때에 헌강 대왕이 개운포(지금의 울주)에 놀러 갔다가 돌아오던 길이었다. 해변가에서 점심을 먹으며 쉬고 있는데 갑자기 구름과 안개가 자욱하게 끼어 길을 잃어버렸다. 이상하게 여겨 곁에 있던 신하들에게 물었더니, 그가 아뢰었다.
"이것은 동해 용이 한 짓입니다. 마땅히 좋은 일을 해서 풀어야 합니다."

왕은 바로 신하들에게 용을 위해 이 근처에 절을 지어 주라고 명령했어. 그러자 구름이 걷히고 안개가 흩어져 사라졌어. 이곳을 구름이 열리는 포구, 개운포라고 부르는 이유도 바로 이 때문이야. 근데 안개만 사라진 게 아니었어. 그 자리에 용이 나타난 거야.

동해의 용이 기뻐하며 곧 일곱 아들을 데리고 왕의 수레 앞에 나타나서 덕을 기리며 춤을 추고 음악을 연주했다. 그리고 그 아들 중 하나가 왕을 따라 서울에 들어와서 왕의 정치를 도와주었으니, 그 이름을 처용이라고 하였다.

드디어 이 이야기의 주인공 처용이 등장했어. 처용은 동해 용의 아들이었던 거야. 그러니까 왕도 처용의 마음을 붙잡아 곁에 오래 두려고 했겠지? 그래서 처용을 아름다운 여자와 결혼시키고 벼슬도 내렸어. 그런데 처용의 아내가 너무 아름다웠던 게 문제였어.

처용의 아내는 너무 아름다워 역신(전염병을 퍼트리는 신)이 그녀에게 푹 빠졌다. 그래서 사람으로 변신해 밤마다 처용의 집에 들어와 몰래 여자와 함께 잤다. 처용이 밖에서 집으로 돌아와서는 잠자리에 두 사람이 있는 것을 보았다. 처용이 노래를 부르며 춤을 추자 역신이 물러갔다. 그 노래는 이렇다.

서라벌 밝은 달밤
밤늦도록 노닐다가,
들어와 잠자리를 보니
다리가 넷이구나.
둘은 내 것인데
둘은 누구의 것인가.
본디 내 것이었던 것을
빼앗은 것을 어찌하리오.

처용의 춤과 노래를 듣자 역신은 바로 정체를 드러내고 처용에게 무릎을 꿇고 빌며 이렇게 말했어.

"제가 그대의 아내를 사모하여 지금의 일을 저질렀습니다. 그런데도 화를 내지 않으시니 감동하여 놀랄 따름입니다. 맹세컨대 지금 이후로 처용 공의 모습을 그린 그림만 보아도 그 문에는 들어가지 않겠습니다."

이 일로 인해 나라 사람들이 문에 처용의 모습을 그려 붙여 나쁜 귀신을 물리치고 경사스러운 일을 맞아들이게 되었다.

역신 앞에서 처용이 불렀던 노래를 〈처용가〉라고 해. 〈처용가〉는 고려 시대까지 이어져 고려 가요로 다시 태어났어. 노래뿐 아니라 처용 탈과 처용무도 만들었지. 한 해의 마지막 날에는 처용 탈을 쓰고 춤추고 노래를 하며 나쁜 기운을 쫓고 새해를 맞이했다고 해. 처용이 역신을 물리쳤기 때문에 나쁜 기운을 쫓는 상징이 된 거야. 〈처용가〉는 오늘날까지도 영화나 드라마, 뮤지컬과 무용극으로 다시 만들어 공연하고 있어.

백발백중, 활 잘 쏘는 거타지

51대 진성 여왕 대에 신라는 나라의 힘이 많이 약해져 있었어. 통일 신라는 쪼개져 다시 세 개의 나라로 나뉘면서 후삼국 시대가 시작됐어. 견훤의 후백제와 궁예의 후고구려가 신라의 서쪽과 북쪽을 압박하고 있었지. 나라 안으로도 왕위를 둘러싼 싸움이 끊이지 않았어.

그 즈음에 활을 쐈다 하면 백발백중인 인물 이야기가 있었는데, 바로 거타지 이야기야. 기이 2편 '진성여대왕과 거타지' 중 두 번째 이야기에 해당하는데 아주 흥미진진해. 함께 읽어 보자.

아찬 양원은 진성 여왕의 막내아들이었어. 양원은 당나라에 사신으로 가면서 활을 잘 쏘는 병사 50명을 뽑아 데려갔어. 후백제의 해적들이 뱃길을 막고 있었기 때문이지.

배가 곡도라는 섬에 닿았을 때 바람과 파도가 너무 심해 섬에 열흘 넘게 머무를 수밖에 없었어. 양원은 걱정이 돼 신하를 시켜 점을 쳐 보니, 섬에 신의 연못이 있으니 제사를 지어야 한다는 점괘가 나왔어. 그 말대로 제물을 올리고 제사를 지내는데 놀라운 일이 벌어졌어.

그러자 연못의 물이 아주 높이 용솟음쳤다. 그날 밤 꿈에 어떤 노인이 나타나 양원 공에게 말했다.

"활 쏘는 사람 하나를 이 섬에 남겨 놓으면 순풍을 얻을 것이오."

공이 잠에서 깨어나 이 일을 병사들에게 이야기하고 나서 의견을 물었다.

"누구를 남겨 놓는 것이 좋겠는가?"

그러자 병사들이 말했다.

"당연히 나무 조각 50개에 우리들 이름을 써서, 물에 가라앉는 것으로 제비를 뽑는 것이 좋겠습니다."

제비뽑기를 해서 남을 사람을 정하자는 거지. 양원은 여기서 뽑힌 거타지를 섬에 남겨 두었어. 그러자 정말 비바람이 멈추고 순풍이 불어 배가 무사히 나아갈 수 있었어. 그렇다면 섬에 남아 있던 거타지는 어떻게 됐을까?

거타지는 걱정하며 혼자 섬에 남아 있는데, 갑자기 한 노인이 연못 속에서 나와 이렇게 말했다.

"나는 바로 서해의 신 약이라 하오. 날마다 중 한 명이 해가 뜰 때 하늘에서 내려와 불경을 외우면서 이 연못을 세 번 도는데, 그러면 우리 부부와 자손들이 모두 물 위로 떠오른다오. 그때마다 중이 내 자손의 간과 창자를 빼내어 먹어 치웠다오. 이제 남은 건 우리 부부와 딸 하나뿐이라오. 그 중이 내일 아침에 또 올 것인데, 부탁이니

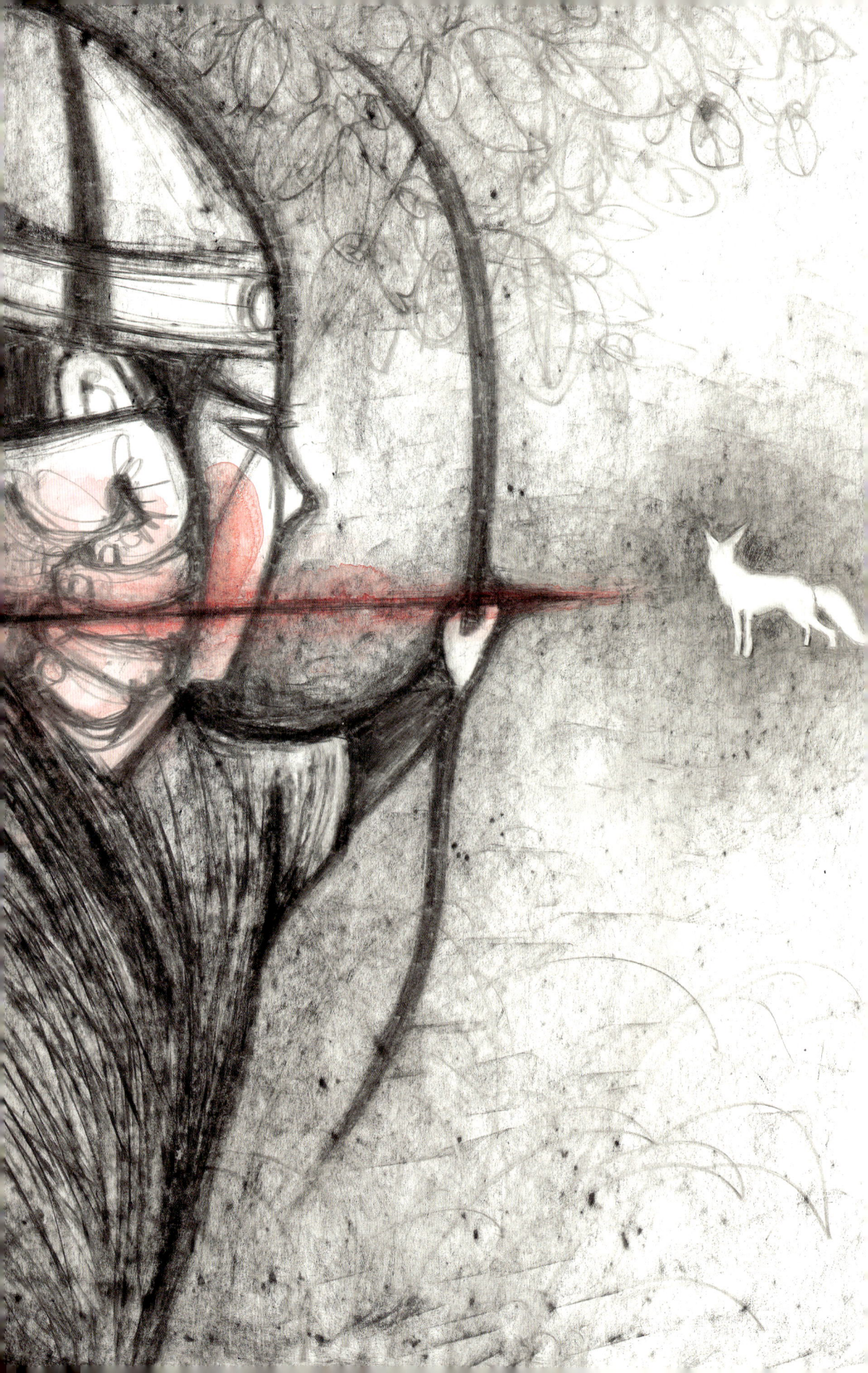

그대가 활로 쏴 주시오."

거타지는 노인을 불쌍하게 생각했던 것 같아. 자신의 장기는 활쏘기라면서 꼭 말한 대로 하겠다고 약속했어. 그리고 숨어서 중이 나타나길 기다렸지.

다음 날 아침, 해가 떠오르자 노인의 말대로 중이 내려와 연못을 돌며 주문을 외고는 늙은 용의 간을 빼려고 했어. 자, 이제 거타지의 활솜씨를 볼 차례야.

그때 거타지가 활을 쏘자 중은 곧 늙은 여우로 변해 땅에 떨어져 죽었다. 그러자 노인이 나와 고마워하면서 말했다.
"그대의 은혜를 입어 내 생명을 지킬 수 있었소. 바라건대 내 딸을 아내로 삼아 주시오."
"따님을 저에게 주신다니 진실로 제가 바라던 바입니다."
거타지가 답하자 노인은 자기 딸을 꽃가지로 변하게 만들어 거타지의 품속에 넣어 주었다.

노인은 두 용에게 거타지가 사신의 배를 따라잡게 도와주라고 명령했어. 그 배를 호위까지 하게 했지. 당나라 사람들은 깜짝 놀랐어. 신라의 배가 용의 호위를 받으며 왔으니 놀라는 게 당연하겠지? 황제에게 보고하자 그 역시 놀라고 감탄했어.

"신라의 사신은 반드시 보통 인물이 아닐 것이다."
황제는 연회를 베풀어서 여러 신하들의 윗자리에 앉도록 하고, 금과 비단을 후하게 내려 주었다. 신라로 돌아온 거타지는 꽃가지를 꺼내어 여자로 변하게 하고 함께 살았다.

명사수 거타지는 새로운 시대를 상징하는 인물이야. 중에게 시달리며 죽어 가던 서해의 신은 망해 가는 신라를 상징해. 서해의 신을 구한 거타지는 당당하게 당나라 황제에게 대접받았지. 신라로 돌아와서는 용왕의 딸과 결혼해 새로운 시대를 열기 시작해.

거타지의 이야기는 훗날 고려의 신화가 되었어. 거타지가 고려를 세운 태조 왕건의 할아버지 작제건을 가리키기 때문이야. 이제 신라의 시대가 저물고 새로운 나라, 고려의 기운이 솟아오르고 있었어.

향가, 옛사람들의 멋

향가는 신라 사람들이 지어 부르던 노래야. 향가는 중국의 노래가 아닌 '우리의 노래'라는 뜻을 담고 있어. 한자의 음과 뜻을 빌려 만든 이두나 향찰로 쓰여 있지.

《삼국유사》에는 14수의 향가가 실려 있어. 지금까지 전해 오는 향가가 모두 25수인데, 그중 14수가 《삼국유사》에 실려 있는 거야. 《삼국유사》가 없었다면 큰일 날 뻔했겠지? 최고의 향가들을 볼 수 없었을 테니까.

자, 그럼 지금부터 《삼국유사》에 남아 있는 향가들을 함께 읽어 볼까? 최초의 향가 〈서동요〉부터 시작해 볼게.

선화 공주와 서동의 사랑

삼국 시대와 통일 신라 시대를 통틀어 가장 유명한 연애 사건이라 하면 역시 선화 공주와 서동의 사랑 이야기를 꼽아. 선화 공주는 신라 진평왕의 딸이고, 서동은 백제 사람으로 훗날 무왕이 돼. 신라 공주와 백제 사람의 사랑이라니 시작부터 절대 쉬울 수가 없잖아? 서동과 선화 공주의 사랑은 최초의 향가 〈서동요〉로 더 유명해졌어. 아니, 〈서동요〉가 없었다면 이들의 사랑은 이뤄지지 못했을 거야. 《삼국유사》에는 이 사건이 어 떻게 그려져 있을까? 이야기는 서동이 지닌 출생의 비밀에서 시작해.

> 백제 30대 무왕의 이름은 장(璋)이다. 어머니는 과부였는데 수도 부여의 남쪽 못가에 집을 짓고 살다가 그 못의 용과 정을 통해 아들을 낳았다. 어려서의 이름은 서동인데, 재주가 뛰어나고 마음이 넓고 생각이 깊었다. 늘 마를 캐서 팔아 생활했기 때문에 이곳 사람들이 이름을 그렇게 부른 것이다.

서동을 소개한 글이야. 나중에 왕이 되지만 서동의 어린 시절은 보잘것없는 마 장수였어. 어머니가 정을 통한 연못의 용은 백제 법왕이라고들 해. 어머니가 정식 왕비는 아니었지만 서동은 왕의 후손이었던 거야. 고귀한 핏줄을 타고났지만 신분이 낮았고, 그럼에도 명석하고 능력이 뛰어난 사내아이의 탄생과 성장, 이건 전형적인 영웅 신화야. 우리가 앞서 단군이나 주몽의 신화에서 봤던 바로 그것이지.

그런데 마를 팔아 겨우 밥벌이하던 서동이 어떻게 멀리 신라의 궁궐에 살고 있는 선화 공주를 만나게 됐을까?

> 어느 날 서동은 신라 진평왕의 셋째 공주 선화가 무척 아름답다는 소문을 듣고는 머리를 깎고 신라 서라벌로 갔다. 동네 여러 아이들에게 마를 나누어 주었더니 아이들이 친하게 여겨 그를 따랐다. 그래서 곧 동요를 지어서 아이들을 꾀어 노래 부르게 했으니, 그 노래

는 이러하다.

선화 공주님은
남모르게 짝을 지어 놓고,
서동 서방을
밤에 몰래 안고 간다.

　자, 한 나라의 공주가 이름도 모를 서동이라는 사내와 밤마다 만난다니 놀랄 일이지! 온 나라에 금세 소문이 나고 결국 선화 공주의 아버지 진평왕 귀에도 들어갔어. 신하들도 노래의 내용이 사실이라고 믿었어. 한 나라의 공주가 이래도 되느냐고 난리를 쳤지.

결국 왕은 공주를 멀리 귀양 보내기로 했어. 선화 공주는 참 억울했을 거야. 서동이 누구인지도 모르는데 궁궐에서 쫓겨났으니 말이야. 다행히 어머니인 왕후가 몰래 공주에게 순금을 아주 많이 챙겨 주었어. 선화 공주는 눈물을 흘리며 궁을 떠났어. 그런 공주 앞에 기다렸다는 듯이 서동이 등장했어.

공주가 유배지에 도착할 즈음이었다. 서동이 나타나 절을 하고는 자신이 모시고 가겠다고 했다. 공주는 그가 어디서 온 사람인지 몰랐지만 우연한 만남에 기뻐하며 그를 따라갔고 또 몰래 정도 통하였다. 공주는 그제야 서동의 이름을 알게 되었고 노래의 내용이 진짜라며 놀랐다.

두 사람은 만나자마자 서로를 좋아하게 됐어. 노래 하나로 사랑을 얻은 서동의 재주가 놀라울 뿐이야. 결국 노래 내용대로 두 사람은 백제에서 살기로 했어.

그들은 함께 백제로 왔다. 공주는 어머니가 준 금을 꺼내 살아갈 길을 의논하려는데 서동이 크게 웃고 말았다.
"이게 무슨 물건이요?"
"황금이에요. 한 평생 부를 누릴 수 있을 것입니다."
그러자 서동이 말했다.
"내 어려서부터 마를 캐던 곳에 가면 이런 것들이 흙처럼 많이 쌓여 있소."

공주가 그 말을 듣고 크게 놀라며 말했다.

"이것은 세상에서 가장 귀한 보물입니다. 당신이 지금 황금이 있는 곳을 안다면 그 보물을 부모님이 계신 궁전으로 보내는 것이 어떻습니까?"

공주의 말에 서동도 좋다고 했어. 신라 진평왕에게 황금을 보내면 크게 기뻐하며 두 사람의 결혼을 인정할 테니까. 하지만 문제가 생겼어. 그렇게 많은 금을 한 번에 보낼 방법이 없잖아? 그래서 두 사람은 용화산의 사자사에 살고 있는 지명 법사를 찾아가 도움을 구했어.

"내가 신통력으로 보낼 수 있소. 금을 가지고 오시오."

공주가 편지를 써서 금을 사자사 앞에 가져다 놓았다. 법사는 신통력으로 하룻밤에 신라 궁궐로 실어 보냈다. 진평왕은 그 신기한 조화를 기이하게 여겨 서동을 높이 받들었으며, 자주 편지를 보내 안부를 물었다. 서동은 이 일로 인심을 얻어 왕위에 오르게 되었다.

서동은 사람의 마음을 사로잡는 재주가 있었던 것 같아. 왕족 출신이긴 하지만 출세하기도 어렵고 왕이 되는 건 거의 불가능한 일이었는데, 다른 사람의 도움을 얻어 이 모든 것을 얻었으니까 말이야. 서라벌 아이들의 도움으로 아름다운 부인을 얻었고, 선화 공주의 마음을 얻어 처가의 도움으로 왕이 될 수 있었지. 즉 서동은 백성의 마음을 얻어 최고의 자리에 오른 백제의 왕이었던 거야.

그런데 서동과 선화 공주의 사랑 이야기는 사실일까?《삼국사기》에서는 서동이 법왕의 아들이라고 기록돼 있고, 진평왕의 딸에 대한 기록도 김유신의 부인인 천명 부인과 여왕이 된 덕만의 것만 남아 있어서 선화 공주는 실제 존재하던 인물이 아닐 수도 있어.

게다가 2009년엔 서동에게 도움을 준 사람은 신라의 선화 공주가 아니라 백제 귀족의 딸이라는 기록도 발견됐어. 백제 미륵사지 석탑을 어떻게 세웠는지를 적어 놓은 금판이 발견됐는데, 거기에 무왕의 부인은 백제의 귀족 사택적덕의 딸이라고 되어 있었거든. 그래서 신라의 선화 공주가 실제로 있었던 인물인지 이런저런 말들이 많아.

《삼국유사》에는 미륵사가 왕비 선화 공주의 소원으로 지었다고 나와 있어. 왕비가 용화사 아래 큰 연못가에 절을 짓고 싶어 하자 왕이 이를 허락하고 지명 법사가 신통력을 부려 하룻밤 사이에 연못을 메웠다고 해.

저마다 기록은 다르지만 결국 무왕은 왕비와 처가의 도움으로 많은 것들을 이뤄 낸 게 틀림없어. 많은 사람의 마음을 사로잡을 줄 알았던 무왕은 매력 덩어리였나 봐. 그래서 〈서동요〉 같은 노래가 생겨나고 왕과 왕비의 사랑 이야기가 지금까지 전해 오는 것 같아.

부하를 아꼈던 죽지랑을 위한 노래

향가 〈모죽지랑가〉는 '죽지랑을 그리워하는 노래'라는 뜻이야. 죽지랑은 진골 출신의 화랑이야. 김유신 장군과 함께 전쟁에 나가 삼국 통일에 큰 공을 세운 장군이기도 했어. 그는 많은 사람에게 존경을 받았어. 득오도 죽지랑의 부하로 그를 무척 존경하고 따랐어. 죽지랑의 인품을 찬양하고 그를 기리기 위해서 노래까지 만들 정도였지. 이 노래를 만들기까지 어떤 일이 있었던 걸까?

이 이야기는 문무왕의 손자 효소왕 대의 일이야. 죽지랑은 화랑 출신의 장군이야. 나이가 많아 은퇴했지만 매일 나가 일을 보고 있었어. 그런데 어느 날 부하 득오가 보이지 않는 거야. 이상하게 여겨 득오의 어머니에게 물어보니 익선이라는 관리가 득오를 부산성의 창고지기로 임명했다는 거야. 너무 급히 불려 가는 바람에 죽지랑에게 인사도 못하고 갔다고 말했어. 평소 부하들을 아꼈던 죽지랑은 득오를 찾아가 위로해야겠다고 생각했어.

"그대의 아들이 개인적인 일로 그곳에 갔다면 찾아가 볼 필요가 없겠지만, 공적인 일로 갔다고 하니 가서 위문을 해야겠소."

그러고는 떡 한 바구니와 술 한 항아리를 가지고 아랫사람을 거느리고 갔다. 낭도 137명도 의장을 갖추고 따라갔다.

죽지랑은 은퇴했지만 여전히 많은 화랑이 그를 따르고 존경하고 있었어. 그러니까 137명이나 되는 화랑이 그를 따라 득오를 만나러 갔겠지? 부산성에 도착한 죽지랑 일행은 밭에서 일하고 있던 득오에게 술과 떡을 먹이고 위로했어. 그리고 휴가를 받아 데려가려 했어.

익선에게 휴가를 청하여 득오와 함께 돌아가고자 했다. 하지만 익선이 강하게 거부하며 허락하지 않았다. 때마침 사리(관직 이름) 간직이 추화군의 세금 쌀 30석을 거두어 성 안으로 운반하다가, 부하를 중시하는 죽지랑의 마음을 아름답게 여기고 꽉 막힌 익선을 야비하게 여겼다. 그래서 거두어 가던 30석을 익선에게 주고 득오에게 휴가를 주도록 요청했다. 그래도 익선은 허락하지 않았다. 그래서 사지(관직 이름) 진절이 타던 말의 안장을 함께 주자 그제야 허락했다.

익선은 하급 관리였어. 죽지랑보다 훨씬 낮은 신분이기도 하고. 그런데도 나라의 영웅이 찾아와 부하의 휴가를 요청하는 걸 단칼에 거절했어. 뇌물을 받고서야 마지못해 휴가를 허락하니, 이건 장군 죽지랑에게 엄청난 굴욕이야.

자, 그렇다면 뇌물로 쌀 30석과 안장까지 받은 익선은 무사했을까? 조정의 화랑 대장이 왕에게 이 사실을 보고해서 익선에게 큰 벌을 주려 했어. 그러자 비겁한 익선은 도망을 가 버리고, 그 대신 맏아들이 벌을 받게 됐지. 뿐만 아니라 익선이 모량리 사람이었다는 이유로, 이후로는 모량리 사람은 벼슬이나 승려도 될 수 없게 돼 버렸어.

이 소동을 통해 우리는 효소왕 시절에 이미 화랑의 힘이 크게 약해졌다는 걸 알 수 있어. 화랑은 전쟁 동안 삼국 통일의 주역이었지만 전쟁이 끝나자 별 쓸모가 없어진 거야. 실제로 삼국 통일 이후 화랑의 힘은 갈수록 약해지고 있었어.

하지만 부하를 아끼고 챙기는 죽지랑의 마음은 그를 따르는 화랑들과

수많은 사람에게 큰 감동을 주었어. 특히 자신을 위해 먼 길도 마다치 않은 죽지랑의 마음에 감동한 득오는 죽지랑을 그리워하는 마음을 담은 시를 지었어. 그게 바로 득오의 〈모죽지랑가〉야. 한번 읽어 볼게.

> 지나간 봄 그리매
> 모든 것이 시름이로다.
> 아름답게 빛나던 그 모습에
> 주름이 지니
> 눈 돌릴 사이에
> 만나 볼 수 있겠습니까
> 낭이여! 그리운 마음에 가는 길
> 쑥 우거진 마을에 잘 밤 있으리.

용맹하던 죽지랑이 나이 들고 약해진 것이 슬프고, 죽지랑을 점점 잊어 가는 세상에 대한 아쉬움을 노래하고 있어. 그래서 다른 세계에서 반드시 다시 만날 거라고 믿으면서 노래는 끝이 나.

향가 문학의 꽃을 피운 월명사

향가가 많이 만들어진 건 신라 35대 경덕왕 대였어. 경덕왕 대는 통일 신라의 최고 전성기로 문화가 활짝 꽃 피던 시절이야. 불국사와 석굴암이 완성됐고, 황룡사 종과 봉덕사 종, 분황사 약사여래불도 이 시기에 만들어졌어. 신라 최고의 향가 시인으로 꼽히는 충담사와 월명사가 활동한 것도 이때였어.

승려 월명사가 지은 향가는 두 편이 남아 있어. 〈도솔가〉와 〈제망매가〉 모두 신라 향가 문학의 최고로 꼽히는 작품이야. 월명사가 이 노래를 어떻게 쓰게 됐는지 《삼국유사》를 읽으며 알아보자.

경덕왕 19년에 이상한 일이 일어났어. 4월 1일에 하늘에 갑자기 해가 둘이 되어 떠 있는 거야. 해가 둘이라니 이게 도대체 무슨 일일까?

경덕왕 19년 760년 4월 1일에 해가 둘 나타나더니 열흘 동안 사라지지 않았다. 천문을 담당한 관리가 아뢰었다.
"인연 있는 스님을 불러 산화공덕을 베풀면 재앙을 물리칠 수 있을 것입니다."

산화공덕이란 부처에게 꽃을 뿌리며 공덕을 기리는 일을 말해. 덕을 베풀어서 그 덕이 자신에게 돌아오게 하는 것이지. 경덕왕은 청양루로 가 인연이 있는 스님을 기다렸어. 그때 그곳을 지나간 승려가 월명사였어.

왕은 사람을 보내 그를 불러서 단을 열고 기도하는 글을 짓게 했다. 월명이 아뢰었다.
"저는 그저 국선(화랑의 우두머리)의 무리에 속해 있던 사람이라, 향가만 알 뿐 불교 노래는 익숙하지 못하옵니다."

"이미 인연이 닿은 스님으로 정해졌으니, 향가라도 좋소."
왕이 답했다. 이에 월명은 〈도솔가〉를 지어 바쳤는데, 노랫말은 이렇다.

오늘 여기서 산화가를 불러
뿌린 꽃아 너는,
곧은 마음이 명한 대로
미륵좌주를 모시어라.

〈도솔가〉를 조금 더 쉽게 풀이하면, '꽃을 뿌려 부처를 모신다'는 내용이야. 산화공덕을 통해 나라의 이상한 일을 물리치겠다는 것이지.

그래서일까? 월명사가 이 노래를 마치자 해가 둘이던 것이 다시 하나가 되었어. 모든 것이 원래대로 돌아왔지. 왕도 놀란 가슴을 쓸어내리며 월명에게 차 한 봉지와 수정 염주 108개를 상으로 내렸어.

월명사는 한때 화랑이었어. 자신이 화랑이었기 때문에 향가만 안다고 했는데, 이건 화랑들이 향가를 즐겨 지었다는 말이야. 또한 하늘에 해가 둘이 되었다는 것은 왕이 둘이라는 뜻이야. 아마 왕위를 넘보는 반란 세력이 생겨 나라가 혼란스러워졌다는 의미겠지. 따라서 〈도솔가〉는 반란 세력들을 물리치고 임금이 나라를 잘 다스리도록 하고 나라의 안녕을 기원하는 노래로 볼 수 있어. 신라는 불교 국가였기 때문에 산화공덕이라는 불교 의식을 통해 어려움을 해결하고자 했던 거야.

나라의 나쁜 일을 물리칠 만큼 글의 힘이 좋았던 월명사는 죽은 누이를 위해 〈제망매가〉라는 노래를 짓기도 했어. 〈제망매가〉는 신라 향가 중 가장 아름다운 작품으로 꼽히곤 해.

월명은 또한 일찍이 죽은 누이동생을 위해 재를 올리고 향가를 지어 제사를 지냈다. 문득 회오리바람이 일더니 종이돈을 날려 서쪽으로 사라지게 했다. 향가는 다음과 같다.

생사의 갈림길
여기 있으니 두렵고
'나는 간다'는 말도
못하고서 갔는가.
어느 가을 이른 바람 끝에
여기저기 떨어지는 잎처럼,
한 가지에 나고
가는 곳은 모르겠네.
아, 극락에서 만날 나는
도를 닦으며 기다리련다.

〈제망매가〉는 '죽은 누이를 그리고 생각하는 노래'라는 뜻이야. 하나의 나뭇가지에 난 여러 잎들처럼 한 부모에게서 태어난 남매지만 오빠보다 먼저 세상을 떠난 누이동생을 가엾게 여기고 그리워하고 있어. 이런 노래에는 월명사의 애틋한 마음이 잘 드러나 있지.

　월명사는 글도 잘 쓰고 피리로 잘 불었다고 해. 사천왕사에서 자주 피리를 불곤 했는데, 그때마다 달이 가는 길을 멈출 정도였대. 피리 소리가 얼마나 아름다웠으면 달님도 감동시켰을까? 월명사는 정말 대단한 예술가였던 모양이야.

신라 최고의 시인 충담사

　향가의 지은이는 다양해. 득오 같은 낭도도 있고 왕족도 있어. 지은이의 이름이 알려지지 않은 향가도 있지. 향가 시인으로 널리 알려진 월명사와 충담사 같은 승려도 있고.

충담사는 월명사 못지않게 향가를 잘 쓴 승려였어. 충담사가 쓴 글 중에는 〈안민가〉와 〈찬기파랑가〉 두 편의 향가가 남아 있지.

세월이 흘러 경덕왕이 왕위에 오른 지 24년이 됐어. 왕은 고민이 많았어. 여전히 왕위를 둘러싼 진골 귀족들의 싸움이 끊이지 않았기 때문이야. 게다가 왕은 나이가 들어 쇠약해지고 뒤늦게 얻은 태자는 너무 어렸어. 그래서 경덕왕은 월명사 때 그랬던 것처럼 승려의 힘을 빌려 어려움을 극복하려고 했어.

이번엔 귀정문이라는 누각에 올라 도가 높은 스님이 지나가길 기다렸어. 마침 잘 차려입은 승려가 점잖게 지나가기에 신하들이 왕에게 보고했더니 왕은 고개를 가로저었어. 자신이 기다리던 승려가 아니라는 거였지. 다시 한 승려가 지나가고 있었어. 바로 왕이 기다리던 스님이 나타난 거야.

다시 한 스님이 허름한 옷을 입고 등에 통을 지고서 남쪽에서 왔다. 왕은 그 스님을 보고 기뻐하며 맞이해 누각 위로 올라오게 했다. 그 통 안을 들여다보니 차를 끓이는 기구들로 가득했다.

그 스님이 바로 충담사였어. 왕은 스님이 차 끓이는 다구를 등에 지고 있는 이유가 궁금했어. 그러자 충담이 이렇게 말했어.

"저는 매년 3월 3일과 9월 9일에 차를 달여 남산 삼화령에 있는 미륵세존께 드립니다. 지금도 차를 드리고 막 돌아오는 길입니다."
"나에게도 차 한 잔을 나누어 줄 수 있겠소?"
충담은 곧 차를 끓여 바쳤다. 차 맛이 특이했고 찻잔에서도 독특한 향이 진하게 풍겼다.

사실 왕은 충담을 알고 있었어. 이미 〈찬기파랑가〉를 쓴 스님으로 유명했었거든. 〈찬기파랑가〉는 낭도 기파랑이 죽은 뒤 그의 생전 모습을 추모한 노래야. 기파랑의 고결한 마음을 냇물에 비친 달에 비유하고, 차가운 서리에도 굽히지 않은 당당한 모습을 그리고 있어. 〈찬기파랑가〉를 소개해 볼게.

열어젖히자
나타난 달이
흰 구름을 좇아 떠난 자리에
백사장 펼친 물가에
기파랑의 모습이 잠겼어라.
일오천 조약돌에서
낭이 지니신
마음을 좇으려 하네
아, 잣나무 가지 높아
서리도 덮지 못할 씩씩한 모습이여.

이미 이 유명한 시를 알고 있던 왕은 충담에게 새로운 노래 한편을 지어 달라고 부탁했어.

"짐을 위해 백성을 편안하게 잘 다스릴 노래를 지어 주시오."
충담은 바로 왕명을 받들어 노래를 지어 바쳤다. 왕이 좋다 하고 충담을 왕사에 봉했다. 하지만 충담은 두 번 절을 하고 사양하며 직책을 받지 않았다.

이때 충담 스님이 지어 바친 향가가 〈안민가〉야. 백성을 편안히 하는 노래라는 뜻이지.

임금은 아버지요
신하는 다사로운 어머니라,
백성은 어린 아이로 여기면

백성들이 다사로운 사랑을 알리라.
구물구물 살아가는 백성
이들을 먹이고 다스린다네.
이 땅을 버리고 어디로 가리 하실 텐데
이 나라를 보전해야 함을 알리라.
아, 임금답게 신하답게 백성답게
한다면 나라가 태평하리라.

왕과 신하가 백성 위에 있지 않고 그들을 자식처럼 사랑한다면 나라가 평안해지고, 임금과 신하, 백성 모두가 자기 자리에서 할 일을 다하면 나라와 백성이 편안해진다는 내용이야.

경덕왕은 이렇게까지 해서 나라를 안정시키고 싶었지만 그 소망은 이뤄지지 않았어. 왕은 석 달 후 세상을 떠났고, 여덟 살밖에 안 된 어린 태자가 왕위에 올랐어. 어쩌면 〈안민가〉는 왕이 아들에게 남긴 유언일지도 몰라. 백성을 자식처럼 대하며 나라를 다스려야 한다고 말하고 싶었던 거지. 경덕왕의 뒤를 이어 혜공왕이 왕위에 오른 후 나라가 무척 혼란스러워졌어. 경덕왕의 걱정이 현실이 되어 버린 거지.

눈 먼 아이를 위한 기도

분황사를 배경으로 한 향가 〈천수대비가〉도 경덕왕 대에 만들어졌어.

경덕왕 대에 한기리라는 마을에 살던 한 여인과 눈 먼 아이의 이야기야. 아주 짧은 이야기지만 무척 감동적이란다.

여인의 이름은 희명이야. 아이가 하나 있었는데, 태어난 지 5년 만에 갑자기 눈이 멀었어. 막막했던 어머니는 아이를 데리고 분황사에 찾아갔어.

하루는 어머니가 아이를 안고 분황사 왼쪽 전각 북쪽 벽에 그려진 천수관음 앞으로 갔다. 거기서 아이에게 노래를 지어 빌게 했더니 멀었던 눈이 떠졌다.

천수관음은 천 개의 손과 천 개의 눈을 가지고 중생을 돕는 관세음보살이야. 이 보살에게 소원을 빌면 소원이 이뤄진다고 해. 그래서 희명은 천수관음에게 매달린 거야. 당신은 천개의 눈이 있으니 아이에게 하나를 주어 눈을 뜨게 해 달라고 기도했지.

어머니 희명의 기도가 너무나도 간절했던 걸까? 기적처럼 아이는 눈을 뜨고 세상을 볼 수 있게 됐어. 희명은 기적에 감격했지. 희명이 지어 천수관음에게 바친 〈천수관음가〉를 함께 읽어 보자.

무릎 꿇으며
두 손바닥을 모아
천수관음 앞에
축원의 말씀을 올리나이다.
천 개의 손과 천 개의 눈을 가졌으니

하나를 내놓아 하나를 덜기를
눈이 둘 다 없는 저에게
하나만 주어 고쳐 주시옵소서.
아아, 저에게 끼쳐 주시면
그 자비심 얼마나 크시나이까.

분황사는 신라의 일곱 개 성지 가운데 하나야. 아도가 신라에 불교를 처음 들여왔을 때 지은 일곱 개 사찰 중 하나지. 또 원효가 생을 마감했고, 아들 설총이 아버지의 유골 가루를 빚어 작은 상을 만들어 걸어 둔 곳도 분황사야. 《삼국유사》 곳곳에 등장하는 중요한 사찰로 지금도 경주에 남아 있지. 하지만 희명이 찾아가 기도했다는 분황사 왼쪽 전각 북쪽 벽의 천수관음 조각은 남아 있지 않아 아쉬워. 지금도 남아 있다면 희명처럼 간절한 소망을 빌러 온 사람들이 셀 수도 없이 많았겠지?

나오며

변화하는 세상을 내다본 최고의 지식인

《삼국유사》를 모두 읽고 나니 이 책을 쓴 일연 스님은 어떤 분일까 더욱 궁금해져. 대부분의 지식인들이 중국의 시선으로 역사와 문화를 바라볼 때, 일연 스님은 어떻게 다른 관점으로 볼 수 있었을까?

일연 스님은 1205년 경북 경산에서 태어나서 열네 살에 승려가 되었어. 일연 스님의 생애는 인각사에 있는 '보각국존비'의 비문을 읽어 보면 알 수 있어. 인각사는 경상북도 군위군에 있는 작은 절인데, 일연 스님은 이곳에서 《삼국유사》를 썼어. 보각국존비는 일연 스님이 세상을 떠난 후에 제자 무극이 스승의 업적을 기리며 세운 비석이야. 이 비석 뒷면에 일연 스님의 일생을 정리한 글이 새겨져 있어.

일연 스님은 고려 최고의 승려였어. 열심히 공부하고 수행하며 하나씩 단계를 밟아 고려에서 가장 높은 승려인 국존의 위치에 올랐어. 그리고 나라에서 '보각'이라는 시호도 받았어. 높은 지위에 오르고 많은 사람이 우러러 봤지만 우쭐대지 않고 자기 일에 충실했어. 나라를 위해서도 많은 일을 했어. 특히 충렬왕이 많이 존경하고 의지했다고 해.

일연 스님은 최고의 이야기꾼이야. 수행을 위해 전국 여러 사찰에 머물 때마다 그 지역에 전해 오는 이야기들을 듣고 수집했어. 기록으로 전해 오는 것도 있고, 사람들 입에서 입으로 전해지는 것도 있었어. 놀랍고 신기한 이야기도 있고, 감동적이고 아름다운 이야기도 있었지. 일연 스님은 이야기를 기록하면서 그 지역에 사는 사람들과 그들의 말과 풍속, 문화에 더 관심을 가지게 됐어. 이야기를 찾아내고 기록하여 사람들에게 들려주고 싶어 하는 건 이야기꾼들의 특징이야.

또 이야기를 재미있게 풀어낼 줄도 알았어. 인물을 주인공으로 삼아 사건을 흥미롭게 풀어 가면서 감동과 교훈을 주고 있지. 왕 중심의 역사 이야기보다 인물과 사건 중심으로 한 이야기가 훨씬 재미있는 법인데, 일연 스님은 그걸 알고 있었던 거야.

일연 스님은 훌륭한 작가이고 시인이었어. 《삼국유사》에 실린 이야기 중 일연 스님이 특별히 자신의 생각을 덧붙인 것이 있어. 직접 현장을 둘러보고 그 느낌을 남긴 것도 있어. 이를 '찬(贊)'이라고 하는데, 일연 스님의 찬은 아름답고 빼어난 글이야.

일연 스님은 최고의 지식인이었어. 낡고 오래된 관습과 생각에서 벗어나 세상을 새롭게 바라보고 다르게 생각할 줄 알았어. 고려의 지식인 대부분이 중국 중심으로 사고했지만 일연 스님은 달랐어. 몽골의 침입으로 크게 달라진 정세를 보고 중국 중심의 역사서 《삼국사기》와는 다른 우리의 시선으로 쓴 역사책도 필요한 시대가 됐다고 판단한 거야. 우리의 역사도 중국 역사와 어깨를 나란히 하며 발전해 왔다는 것을 알릴 필요가 있었으니까. 더불어 우리 민족이 하늘의 명을 받은 고귀한 민족이라는 것도 알리고 싶었던 거지. 바로 이런 점들이 《삼국유사》를 우리 민족 대표 고전으로 꼽는 이유일 거야.

참고 자료

일연 지음, 김원중 옮김, 《삼국유사》, 민음사, 2008
일연 지음, 김봉주 편저, 《교양인을 위한 삼국유사》, 인간사랑, 2020
고운기 글, 양진 사진, 《우리가 정말 알아야 할 삼국유사》, 현암사, 2006

처음 만나는 고전
일연 스님이 전해 준 역사 속 옛이야기
삼국유사

1판 1쇄 2022년 11월 28일

글 | 이진이
그림 | 장경혜

펴낸이 | 류종필
편집 | 박병익
마케팅 | 이건호
경영지원 | 김유리

책임편집 | 고양이
디자인 | Studio Marzan 김성미

펴낸곳 | (주)도서출판 책과함께
　　　　주소 (04022) 서울시 마포구 동교로 70 소와소빌딩 2층
　　　　전화 (02) 335-1982
　　　　팩스 (02) 335-1316
　　　　전자우편 prpub@daum.net
　　　　블로그 blog.naver.com/prpub
　　　　등록 2003년 4월 3일 제2003-000392호

이 책의 저작권은 지은이 이진이와 그린이 장경혜, (주)도서출판 책과함께에 있습니다.
이 책의 내용을 이용하려면 저작권자와 출판사에게 모두 서면동의를 받아야 합니다.
잘못된 책은 구입하신 서점에서 바꾸어 드립니다.

ISBN 979-11-91432-88-6 73900